존재의 기술

존재의 기술

에리히 프롬

THE ART OF
BEING

ERICH FROMM

최승자 옮김

까치

THE ART OF BEING
by Erich Fromm
edited by Rainer Funk

역자 최승자

시인이며 번역가로서 시집으로는 『쓸쓸해서 머나먼』, 『이 시대의 사랑』, 『즐거
운 일기』 등이 있고, 역서로는 『침묵의 세계』, 『빈센트, 빈센트, 빈센트 반 고
흐』, 『짜라투스트라는 이렇게 말했다』 등이 있다.

존재의 기술

저자／에리히 프롬
역자／최승자
발행처／까치글방
발행인／박후영
주소／서울시 용산구 서빙고로 67, 파크타워 103동 1003호
전화／02·735·8998, 736·7768
팩시밀리／02·723·4591
홈페이지／www.kachibooks.co.kr
전자우편／kachibooks@gmail.com
등록번호／1-528
등록일／1977. 8. 5
초판 1쇄 발행일／1994. 12. 10
제2판 1쇄 발행일／2024. 6. 10
      2쇄 발행일／2024. 11. 5
값／뒤표지에 쓰여 있음
ISBN 978-89-7291-831-8 03100

편집자 서문

1974년과 1976년 사이, 스위스 로카르노에 있는 자신의 저택에서 『소유냐 존재냐To Have or To Be』를 집필할 때 노령의 에리히 프롬은 1976년에 출판된 그 책에 실제로 이용된 것보다 훨씬 더 많은 원고와 장章들을 썼다. 그 장들 중의 일부가 지금 이 책에 담겨 있다. 그것들은 전부가, 개인의 "존재의 기술"을 배우기 위해서 취할 수 있는 "존재를 향한 단계들"을 다루고 있다.

프롬이 『소유냐 존재냐』를 조판하기 직전에 그 타이프 원고 중에서 "존재를 향한 단계들"을 다룬 장들을 뺐던 것은 개개인이 소유양식을 만들어내는 경제적 현실을 변화시키지 않고서 그 자신에 대한 자각, 자신의 발전, 자신의 자기 분석에서 정신적 행복을 찾기만 **하면 된**다는 것으로 자신의 책을 오해할 수 있다고 믿었기 때문이다. 모든 것을 가진 아주 풍요로운 사회의 전형적인, "소유"지향의 대중적 현상은 그 뿌리들을 현대 산업사회의 경제적, 정치적, 사회적 현실에서, 특히 노동조직에서 그리고 그 생산양식에서 찾아야만 한다.

우리의 소유지향이 오늘날의 산업문명의 구조적 현실에 뿌리를 두고 있음이 사실이라고 하더라도, 그러한 현실의 극복은 인간 자신의 심리적, 지적, 육체적 힘들을 되찾는 데 있고, 그 자신이 자기 결단을 내릴 수 있느냐에 있다. 이러한 이유 때문에, "존재를 향한 단계들Steps toward Being"이 이제 출판되는 것이다. 그 단계들은 생산적인 자각에 이르는 안내자 역할을 하는 것이다.

최근의 흐름들로 확실히 밝혀졌듯이 자각, 자기 실현, 자기 발전 등은 거의 언제나 그 자신의 주체적인 힘들의 고양이 아닌 다른 어떤 것을 의미한다. 오늘날 대체적으로 자기 자각의 방법들이 소유지향을 거드는 새로운 목발의 역할을 하게 되면서, 개인적인 자기 도취는 강화되기만 하고 이성과 사랑(프롬에 의하면 이것들은 존재지향에 특징적인 것들이다)의 불능이 굳어져가고 있다.

이전에 『소유냐 존재냐』에서 이루어졌던 언급들 중 몇 가지에 대한 다음의 요약은 이 책을 읽은 것과 마찬가지의 대체물로서가 아니라, 그 책을 읽었던 모든 사람들에게 그 책의 가장 중요한 사상들을 환기시켜주기 위한 것이다.

에리히 프롬은 소유냐 존재냐의 두 대안을, "두 가지의 근본적인 실존양식, 혹은 자신과 세계에 대한 서로 다른 두 가지 종류의 지향, 각기 한쪽이 다른 한쪽을 압도함으로써 한 사람의 사고

8

와 감정과 행동이 결정되는 서로 다른 종류의 성격구조"(『소유냐 존재냐』)로 이해했다. 한 사람이 자기 삶을 지향시킬 수 있는 가능한 모든 방법들을 찾아본다면 이러한 결론에 다다르게 된다. 즉 결국 사람은 자기 삶을 소유, 아니면 존재로 지향시킨다는 것이다.

어떤 사람이 궁극적으로 자기 삶을 소유 쪽으로 지향시킨다는 것은 무엇을 의미하는가?

자신의 삶을 소유 쪽으로 지향시키는 사람은 자기 자신과, 자신의 실존과, 자신의 삶의 의미와, 그리고 자신의 생활방식을, 자기가 소유하고 있는 것들, 자신이 소유할 수 있는 것들, 자신이 더 소유할 수 있는 것들에 따라서 결정한다. 이제 소유의, 소유하고자 하는 욕망의 대상물이 되지 못할 것은 거의 아무것도 없다. 온갖 유형의 물질적인 것들─자기 소유의 집, 돈, 주식, 미술품, 책, 우표, 동전, 그리고 얼마간은 "수집열"로써 모을 수 있는 다른 것들─이 다 포함된다.

사람들 또한 소유의, 소유하고자 하는 욕망의 대상물이 될 수 있다. 물론 다른 사람을 소유하고 있고 그 사람을 자신의 소유물로 여긴다고 말하지는 않는다. 그 점에서는 보다 "동정심이 많아서", 그보다는 그 사람을 걱정하고 그 사람에 대한 책임이 있다고 말한다. 그러나 잘 알려진 사실이지만, 다른 사람에 대한 책임이 있다는 것은 또한 그 사람을 마음대로 다룰 수 있는 권리를 가진 것이기도 하다. 그리하여 어린이, 장애인, 노인, 환자, 그리고 보살핌을 필요로 하는 사람들은 소유당하고, 그 사람 자신의 일부로 간주되는데, 그 환자가 건강해진다든가 아이가 저 혼자 결정하고 싶어할 때, 그 고통이란! 그럴 때 소유양식에 지배당하고 있음이 분명하게 드러난다.

다른 사람들을 "소유할" 수 있다는 것만으로는 충분치 않다는 듯, 우리는 또한 미덕과 명예를 획득하는 것으로 우리의 생활처신을 관철하려고 하기도 한다. 우리에게 중요한 것은 우리가 좋은 평판, 어떤 이미지, 건강, 아름다움, 혹은 젊음을 가지는 것이고, 그리고 그것이 더 이상 불가능할 때에는 최소한 "체험", "추억"을 가지기를 원한다. 정치적, 이데올로기적, 종교적 성격을 가진 신념들도 또한 소유물로 획득하고 굳세게 지킬 수ㅡ유혈사태가 일어날 정도로ㅡ있는 것들이다. 모든 것이, 자신이 진실을 가지고 있는지 가지고 있지 않는지 혹은 자신이 올바른지 아닌지에 달려 있다.

한 사람이 자신의 삶의 방식을 소유 쪽으로 지향시키면, 사실상 무엇이든 소유할 수 있다. 문제는 그 사람이 무엇을 가지고 있느냐 아니냐가 아니라, 그 사람이 자기가 가진, 혹은 가지지 않은 것에 마음이 쏠려 있느냐 아니냐이다. 무소유 지향 또한 하나의 소유지향이다. 프롬은 금욕주의를 옹호하는 것이 아니다. "존재"지향은 바로 말해 "무소유" 지향과 동일하지 **않은** 어떤 것이다. 상존하는 문제는 자신의 삶의 목적을 결정할 때 그리고 자신의 정체성을 결정할 때, 소유 아니면 무소유가 얼마만큼의 자리를 차지하느냐와 관련된 것이다. 어떤 사람이 어떤 것을, 실존의 소유양식으로 소유한 것인지 아닌지, 혹은 프롬의 말을 인용하면, "소유하지 않은 것처럼 소유한" 것인지 아닌지는 흔히 구분하기가 어렵다. 그러나 자신이 특별히 귀중히 여기는 것이 무엇인지 자문하고, 그럼으로써 중요하고 귀중한 그것을 잃으면 자신이 어떻게 될 것인가를 그려봄으로써, 즉 자신이 딛고 선 지반을 잃게 될 것인가 아닌가, 삶이 무의미한 것으로 변할 것인가 아닌가를 그려봄으로써 사람들은 각자 자기 자신을 속히 시험해볼 수 있다. 만일 그때에 어떠한 자신감도 더 이상 느낄 수 없다면, 살고 일하는 것이 더 이상 아무런 가치도 없는 것이 된다면, 그 사람은 삶을 소유지향─좋은 직업, 말 잘 듣는 자식들, 좋은 관계, 심오한 통찰력, 더 훌륭한 논법 등을 가지느냐─에 따라서 결정하는 것이다.

소유지향적인 사람은 언제나 자기 자신의 두 발이 아니라 목발을 이용한다. 그러한 사람은 존재하기 위해서, 자신이 원하는 자기가 되기 위해서, 외부의 대상물들을 이용한다. 그런 사람이 그 사람 자신인 것은, 그가 뭔가를 **가지고** 있는 한에서뿐이다. 개인이 한 대상물의 소유에 의해서 한 주체로서의 존재를 결정하는 것이다. 그는 목적물들에 사로잡히고 그럼으로써 그 목적물들을 소유한다는 목적에 사로잡히는 것이다.

동시에 그 사람 자신의 두 발을 대신하는 목발의 비유는, 다른 한 지향, 즉 존재지향이 의미하는 바가 무엇인지를 드러내 보여 준다. 자기 힘으로 해나가기 위한 육체적 능력―필요하다면 목발이 대신할 수도 있는―을 가지는 것과 마찬가지로, 사람은 자기 힘으로 해나가기 위한 정신적 능력 또한 가지고 있다. 사랑의 능력, 이성의 능력, 생산적 활동의 능력이 그것이다. 그러나 그러한 내재된 정신적인 힘들 또한 소유지향으로 대체되어 사랑과 이성과 생산적 활동의 능력이 그 사람의 마음이 쏠려 있는 대상물들의 소유에 의존하게 되는 수도 있다.

사랑, 이성, 그리고 생산적 활동력은 그것들이 실행으로 옮겨지는 그 정도만큼만 생기고 자라는 정신적인 힘들이다. 그것들은 다 써버릴 수도 없고 살 수도 없고 혹은 소유의 대상물들처럼 소유될 수도 없는 것들이며, 다만 실천하고 발휘하고 투자하고 수행할 수 있을 뿐이다. 소유의 대상물들―사용하면 소모되어 없어지는―과는 대조적으로, 사랑, 이성, 생산적 활동력은 그것들이 공유되고 이용될 때 자라고 큰다.

존재지향은 언제나 그 사람의 삶의 목적이 그 사람 자신의 정신적 힘들 쪽으로 향해 있음을 의미한다. 그것은 자기 안에, 외부세계에 있는, 알지 못했던 낯선 것들이 **자기 자신** 특유의 것들이라는 사실을 인식하고, 그 사실에 익숙해지고, 그것을 받아들이는 것이다. 그것을 배움으로써 그 사람은 자기 자신 그리고 자신의 환경과의 보다 큰, 보다 포괄적인 관계를 얻게 된다.

『소유냐 존재냐』에서 프롬은 오늘날의 소유지향이 너무나 많은 것을 가지고 있고, 그래서 소유에 의해서 자신이 결정 혹은 규정되도록 놓아두려는 유혹에 져버릴 수 있는 한 사회의 경제적, 사회적 현실에 기반을 둔 대중적 현상이라는 관찰로부터 시작했다. 오늘날의 경제, 노동조직, 사회생활의 구조적 현실들에서 개인 자신의 정신적인 힘들의 엄청난 손실을 발견할 수 있다는 것이다.

개인의 운명적인 발전의 뿌리들이 일차적으로는, 사회경제적으로 결정된 오늘날의 인간의 처지에서 찾을 수 있는 것이라면, 그 뿌리들을 근거로 하여 나아가는 것이, 그리고 개인을 언제나 사회화되어왔던 것으로 이해하는 것이 타당하다. 그런 이유 때문에 프롬은 "존재를 향한 단계들"에 관한 장章을, 구조적 변화들을 위한 그의 제언들로 대체시켰던 것이다. 그리고 그런 이유 때문에 소유지향에서 존재지향으로 옮아가고자 하는 한 개인의 노력은 오직 그 노력들이 동시에 그 사람 자신을 둘러싼 환경의 구조를 변화시키는 경우에만 의미 있는 것일 수 있다. 직업적 활동에서, 자신이 맡은 작업조직에서, 또 정치적, 사회적 자각에서, 이성, 사랑, 생산적 활동력이라는 자신의 정신적 힘들을 진정으로 체험할 수 있도록, 그리고 그 힘들이 사용함으로써 더 자라날 수 있도록, 그 사람 자신의 사회경제적 생활방식을 이끄는 가치들이 변화되어야만 한다.

자각과 자기 발전을 성취하고자 하는, 진정으로 내적, 외적 현실과 맞아떨어지는 우리 자신과 우리의 세계에 대한 어떤 관점을 얻고자 하는 우리의 시도는 우리의 사회경제적 생활방식의 해방과 관련되어 있다. 아닌 게 아니라 저자는 『소유냐 존재냐』에서 "삶의 **실제**가 그 모순들과 그 불합리성으로부터 얼마만큼 해방되느냐 하는 그 정도만큼만 시도는 현실과 일치할 수 있다"라고 말했다.

이 책에서 에리히 프롬은 처음에는, 그가 아주 오래 전에 분명하게 인식했고 감정鑑定했던 것 그대로의 그릇된 자각방법들을 보여준다. 그러나 그 다음에 그는 자각을 얻는 방법들을 제안하고, 정신분석학의 한 응용으로서의 자기 분석에 아주 광범위한 주의를 기울이면서 자신이 날마다 실천해왔던, 존재를 향한 단계들을 우리와 함께 거쳐간다.

여기서 처음으로 빛을 보게 된 이 책은 프롬 자신이 출판할 수 있도록 준비한 것이 아니었기 때문에, 때때로 원문을 나누고 순서적 체계를 보완하지 않을 수 없었다.

1992년 튀빙겐에서
라이너 풍크

제 1 부

그러나 이것이 정말로 의미 있는 질문일까?
살기 원하는 데에는 어떤 이유가 있는 것일까.
그리고 그러한 이유를 가지고 있지 않다면
차라리 살지 않는 것이 나은 것일까?

1

존재의 기술

이 책의 제1부에서 나는 삶의 **소유양식**과 **존재양식**의 본질에 관해서, 그리고 그 어느 한쪽의 우위가 인간의 행복에 미치는 결과에 관해서 묘사하려고 한다. 우리가 내린 결론은 인간의 완전한 인간화는 소유 중심적 지향에서 활동 중심적 지향으로, 이기심과 자기 중심 벽癖, egotism으로부터 결속과 이타주의로의 돌파작전을 필요로 한다는 것이었다. 제2부에서는 그러한 인간화를 향해 나아가고자 하는 노력을 위한 준비로서 도움이 됨직한 방도들과 관련하여 몇 가지 실천적인 제언을 하고자 한다.

존재의 기술art of living의 실천과 관련된 방도들에 대한 논의는, 그 대답이 어떠한 것인가에 따라서 실천 전체가 달라지는 질문에서부터 시작해야만 한다. 산다는 것의 목표는 무엇인가? 인간에게 삶의 의미는 무엇인가?

그러나 이것이 정말로 의미 있는 질문일까? 살기 원하는 데에는 어떤 이유가 있는 것일까, 그리고 그러한 이유를 가지고 있지 않다면 차라리 살지 않는 편이 나은 것일까? 사실 살아 있는 모든 존재들은, 짐승이든 동물이든 살기를 원하며, 그러한 소망이 없어지는 것은 견딜 수 없는 아픔과 같은 예외적인 상황하에 서이거나, 혹은 (사람의 경우에) 살고자 하는 소망보다 더 강렬할 수 있는 사랑, 증오, 자존심, 충절과 같은 격정이 있을 때뿐이다. 자연은—혹은 그렇게까지 말하고 싶다면 진화의 과정은—모든 살아 있는 존재에게 살고자 하는 소망을 부여해왔고, 그리하여 그가 자신이 사는 이유가 무엇이라고 믿든지 그것은 그가 생물학적으로 주어진 그 충동을 재차 생각으로 합리화시킨 것에 지나지 않는다.

우리는 물론 이론적인 진화의 개념들을 인정할 필요가 있다. 마이스터 에크하르트Meister Eckhart는 보다 단순하고 시적인 방법으로 똑같은 논지를 펼쳤다.

"한 착한 사람에게 '당신은 어째서 신을 사랑합니까?'라고 묻는다면, 이런 대답을 듣게 될 것이다. '모르겠는데요—그가 신이기 때문이죠!'라는."

"왜 진실을 사랑합니까?"

"진실을 위해서!"

"왜 정의를 사랑합니까?"

"정의를 위해서!"

"왜 선을 사랑합니까?"

"선을 위해서!"

"그러면 왜 삽니까?"

"맹세코, 모르겠는데요—살고 싶으니까!"*

살기를 원한다는 것, 살고 싶다는 것, 그것은 아무런 설명을 필요로 하지 않는 사실들이다. 그러나 **어떻게** 살기를 원하는가—삶에서 무엇을 추구하며, 무엇이 우리에게 삶을 의미 있는 것으로 만들어주는가—를 묻는다면, 우리는 실로 사람에 따라 서로 다른 많은 대답들이 나오게 될 물음들(그리고 그 질문들은 다소간 동일한 것들이다)과 접하게 된다. 어떤 이들은 사랑을 원한다고 말할 것이며, 또 어떤 사람들은 권력을, 어떤 사람들은 안전무사함을, 어떤 사람들은 감각적 쾌락과 안락을, 또 어떤 사람들은 명성을 고를 테지만, 그들이 진정으로 원하는 것은 **행복**이라는 진술에 아마도 대부분이 동의할 것이다. 그것은 또한 대부분의 철학자들과 신학자들이 인간 노고의 목적이라고 말해왔던 것이기도 하다. 그렇기는 하지만, 행복이 방금 언급되었던 것처럼 그렇게 서로 다르고 대개는 서로 배타적인 내용들을 포괄하는 것이라면, 그것은 하나의 추상적 개념이고 따라서 쓸모없는

---

* 『마이스터 에크하르트 : 현대적 번역(*Meister Eckhart : A modern translation*)』, R. B. 블레이크니 번역(Harper Torchbooks, Harper & Row, 뉴욕, 1941), p.242.

것이 된다. 중요한 것은 "행복"이라는 용어가 무엇을 의미하는가—철학자들뿐만 아니라 보통 사람들에게도—를 검토해보는 것이다.

서로 다른 행복의 개념들 사이에서도 그래도 대부분의 사상가들이 똑같이 가지고 있는 하나의 관점이 있다. 우리의 소망들이 성취되면, 혹은 달리 표현하면 우리가 원하는 것을 가진다면, 우리는 행복하다는 것이다. 다양한 관점들 사이의 차이들은 "성취하면 우리에게 행복을 가져다준다는 그 욕구들은 어떠한 것들인가?"라는 물음에 대한 대답에 있다. 그렇게 해서 우리는 **삶의 목적과 의미에 대한 물음이 인간 욕구들의 본질이라는 문제로 이어지는 지점에 다다르게 된다.**

대략 두 가지 상반되는 입장들이 있다. 첫 번째의, 그리고 현재의 거의 압도적인 입장은 욕구란 완전히 **주관적으로** 규정되는 것이라는 입장이다. 즉 그것은 어떤 것을 얻으려고 애쓰는 일인데, 우리가 그것을 몹시도 원하기에 그것을 하나의 욕구라고—충족시켜주면 즐거움을 얻을 수 있으므로—부를 만한 것이다. 이 정의에서는 그 욕구의 근원이 무엇인가 하는 문제는 제기되지 않는다. 배고픔과 목마름처럼 그 욕구가 생리적 뿌리를 가지는가, 혹은 품격 있는 음식과 음료에 대한, 예술에 대한, 이론적 사고에 대한 욕구처럼 인간의 사회적, 문화적 발전에 뿌리를 둔 것인가, 혹은 담배, 자동차 또는 수많은 잡지들에 대한 욕구처럼 사교적으로 유발된 욕구인가, 아니면 마지막으로 사디즘이나 마조히즘 같은 행동들에 대한 욕구처럼 병적인 욕구인가 하는 것은 묻지 않는다.

또한 이 첫 번째의 관점에서는 그 욕구의 충족이 사람에게 어떤 영향을 미치는가―그 사람의 삶을 살찌우는가 혹은 그 사람을 약화시키고 질식시키고 성장을 가로막아서 자기 파괴적이게 하는가―하는 질문은 제기되지 않는다. 그것은 힘없는 사람들을 억누르거나 그들에게 해를 끼치면서 바흐를 듣고 싶은 자신의 욕망, 혹은 사디즘의 욕망을 충족시키는가 아닌가는 취향의 문제로 치부된다. 그것이 그 사람이 가진 어떤 욕구의 대상인 한, 그 욕구를 만족시키는 데 행복이 있다. 통상적으로 생기는 유일한 예외들은 어떤 욕구의 충족이 다른 사람들을, 혹은 그 자신의 사회적 쓸모를 심하게 손상시키는 경우이다. 그리하여 파괴의 욕구 또는 마약 복용의 욕구는 흔히 충족시킴으로써 즐거움이 생긴다는 사실 자체로 자신의 합법성을 주장할 수 있는 욕구들로 여겨지지는 않는다.

반대(또는 두 번째) 입장은 근본적으로 다르다. 그것은 어떤 욕구가 인간의 성장과 행복에 도움이 되는가, 아니면 그 사람을 절름발이로 만들고 손상을 주는가 아닌가 하는 문제에 중점을 둔다. 그것은 인간의 본성에 뿌리를 둔, 인간의 성장과 자기 완성에 도움이 되는 그러한 욕구들에 대해서 말한다. 이 두 번째 개넘에서는 순전히 주관적인 행복의 본질이 객관적이고 표준적인 것으로 대체된다. 인간을 위한 욕망의 실현만이 행복으로 이어진다는 것이다.

첫 번째의 경우에는 이렇게 말한다. "나는 내가 원하는 모든 즐거움을 얻으면 행복하다." 두 번째의 경우에는 이렇게 말한다. "내가 자기 완성을 위한 최적의 상태를 얻기 원한다는 조건하에서, 내가 원할 수밖에 없는 것들을 얻으면 행복하다."

이 두 번째 견해는 그것이 어떤 기준―즉 가치 판단―을 중요한 것으로 끌어들이고 그럼으로써 그 주장으로부터 객관적 정당성이 박탈당하는 듯 보이기 때문에 종래의 과학적 사고의 견지에서는 받아들일 수 없는 것이라는 사실을 중시할 필요는 없다. 하지만 어떤 기준이라는 것이 객관적인 정당성을 가지는가 가지지 않는가 하는 질문이 제기된다. 그리하여 "인간의 본성"에 대해서 말할 수 있다면 객관적으로 규정할 수 있는 인간의 본성은, 그 본성의 목적은 모든 살아 있는 존재들의 그것과 똑같다는 가정, 즉 가장 완벽하게 제구실을 하고 가장 완전한 잠재력을 성취하는 것이라는 가정에 이르지 않을까? 그러면 결과적으로 어떤 기준들은 그 목적에 도움이 되고 어떤 기준들은 그 목적에 방해가 되는 것일까?

이것은 실로 어떠한 정원사든 익히 알고 있는 점이다. 한 그루 장미나무의 삶의 목적은 그 장미나무 안에 잠재력으로서 내재한 모든 것이 되어보자는 것이다. 그 잎들이 잘 자라고 그 꽃이 씨앗에서 자라나올 수 있는 가장 완벽한 장미꽃이 되게 하는 것이다. 그렇다면 정원사는 그 목적을 이루기 위해서는 자신이 경험으로 발견했던 어떤 기준들을 따라야만 한다는 것을 알고 있다. 장미나무는 특정한 토양과 습기와 기온과 태양과 그늘을 필요로 한다. 정원사가 아름다운 장미꽃을 얻고자 하면 그러한 것들을 갖추어주는 것은 정원사의 몫이다. 그러나 정원사의 도움 없이도 장미나무는 요구되는 최적의 상태를 스스로 갖추려고 애쓴다. 습기나 토양에 대해서는 아무것도 할 수 없지만, 태양과 기온에 대해서는 무엇인가 할 수 있다. 태양이 있는 쪽을 "향하여" 자라는 것이다. 물론 그럴 수 있는 기회가 있다면 말이다. 그것이 인간이라는 종種에 대해서는 똑같이 들어맞지 않을 이유가 무엇인가?

인간의 최선의 성장과 최선의 기능에 도움이 되는 기준들을 위한 이유들에 관해서 우리가 아무런 이론적인 지식을 가지고 있지 않다고 할지라도, 정원사가 경험으로 아는 그것만큼 우리도 경험으로 알게 된다. 인간의 모든 위대한 스승들이 본질적으로 똑같은 삶을 위한 기준들에 도달했던 이유도 바로 거기에 있다. 탐욕, 환상, 증오의 극복과 사랑과 연민의 성취가 최적의 존재에 이르기 위한 조건들이라는 것이 그러한 기준들의 본질인 것이다. 경험적 증거로부터 결론들을 이끌어낸다는 것은, 그 증거를 이론적으로 설명할 수 없다고 할지라도, 전적으로 믿을 만한 것이며 결코 "비과학적인" 것이 아니다. 물론 경험적 증거 뒤편에 있는 법칙들을 발견하고자 하는 과학자들의 이상은 여전하겠지만 말이다.

그런데 인간의 행복과 관련된 이른바 가치 판단들이란 모두가 아무런 이론적 근거도 가지고 있지 않다고 주장하는 사람들은 생리학적 문제에 관해서는 똑같은 이의를 제기하지 않는다. 논리상 경우가 다른 것이 아닌데도 말이다. 어떤 사람이 사탕과 과자를 몹시 밝혀 뚱뚱해지고 건강이 위태로워진다고 가정할 때, 그들은 "그 사람에게 먹는 것이 가장 큰 행복이라면 그대로 계속해야 하며, 스스로를 설득하거나 다른 사람들에게 설득당하여 그 쾌락을 포기해서는 안 된다"라고 말하지는 않는다. 다름 아니라 그 식탐이 몸을 망친다는 것 때문에 그들은 그것을 기준을 가진 욕망들과 다른 것으로 인식하는 것이다. 그렇게 간주하는 것은 주관적인 것으로—혹은 어떤 가치 판단으로, 아니면 비과학적인 것으로—불리지 않는다. 그 까닭은 오직 모든 사람들이 과식과 건강 사이의 관련을 알고 있기 때문이다. 그러나 그렇다면 명성, 권력, 재산, 복수, 지배력을 갈망하는 것 같은 불합리한 열정들이 가진 병적인, 그리고 사람을 상하게 만드는 특성에 대해서도 또한 모든 사람들이 오늘날 대단히 많이 알고 있고, 그리고 똑같이 이론적이고 임상적인 근거에서 모든 사람들이 그러한 욕구들을 사람을 손상시키는 것으로 부를 수 있게 된 것이다.

"관리자 병manager sickness"인 소화성 궤양은 과욕, 성공에의 종속, 정말로 개인적인 중심점의 결여 등으로 생긴 스트레스와, 잘못 살고 있는 삶의 결과이다. 그러한 잘못된 자세와 육체적 병 사이의 연관성 이상을 넘어서는 많은 자료들이 있다. 최근의 몇십 년 동안, C. 폰 모나코프C. von Monakow, R. B. 리빙스턴R. B. Livingston, 하인츠 폰 푀르스터Heinz von Foerster 같은 수많은 신경학자들이 인간에게는 협동 단결과 같은 기준들과 진리와 자유의 추구 등이 뿌리를 두고 있는, 신경학적으로 내재된 "생물학적" 양심이 갖추어져 있다고 시사해왔다. 이러한 개념들은 진화론적 고찰들을 근거로 한 것이다.* 나 자신으로 말하자면, 나는 주된 인간적 기준들은 인간 존재의 완전한 성장을 위한 조건들이지만 반면에 순전히 주관적인 욕망들의 대다수가 객관적으로 유해한 것이라는 사실을 입증하려고 시도해왔다.**

다음에 이어질 페이지들에서 당연한 것으로 그냥 넘어가고 있는 삶의 목적에 관해서는 다른 차원들에서 이야기할 수 있다. 아주 일반적으로 말하면 그 삶의 목적은, 인간 본성의 모델에 가장 가까워질 수 있도록(스피노자), 혹은 다른 말로 하면, 인간 생

---

* 에리히 프롬의 『인간 파괴성의 해부(*The Anatomy of Human Destructiveness*)』(Holt Rinehart and Winston, 뉴욕, 1973)에 나오는 이러한 견해들에 관한 논의를 참조하라.

** 같은 책과 에리히 프롬의 『자기를 위한 인간(*Man for Himself*)』(Rinehart & Co., 뉴욕, 1947)을 참조하라.

존의 조건들에 맞추어 가장 알맞게 성장하고 그리하여 자신 안에 잠재적으로 깃들어 있는 것들로 완전히 화化할 수 있도록 자신을 개발해가는 것, 이성 덕분에 우리가 이해할 수 있는 인간 본성이라는 것이 있다면, 어떠한 기준들이 인간의 행복에 도움이 되는가에 대한 이해에 이르기 위해서 이성, 혹은 경험의 안내를 받아들일 수 있도록(토마스 아퀴나스) 우리 자신을 개발해가는 것이라고 규정할 수 있다.

삶의 목적과 의미를 나타내는 아마도 가장 기본적인 듯한 표현형식이 극동과 근동의 두 (그리고 유럽) 전통에 공통적으로 나타난다. 즉 "대해방great liberation" 곧 (온갖 형태의) 탐욕의 지배로부터의 해방과 환상의 족쇄로부터의 해방이다. 해방의 이 두 가지 측면은 인도의 베다 신앙, 불교, 중국과 일본의 선禪불교 같은 계통뿐만 아니라, 유대교와 기독교에서 최고의 왕으로서 나타나는, 보다 신화적인 형태의 신神에서도 찾아볼 수 있다. 그것이 최고의 전개를 보이는 것은 (근동과 서구에서) 기독교와 이슬람교의 신화들과, 스피노자Spinoza, 그리고 마르크스Marx의 저술 속에서이다. 그러한 가르침들 안에서 내적 해방─탐욕과 환상의 족쇄로부터의 해방─은 이성의 최적의 발전과 분리할 수 없게 하나로 묶여 있다. 말하자면 여기서 이성은 있는 그대로의 세계를 알려는 목적을 가진 사고의 활용을 가리킨다. 이것은 자신의 욕구를 충족시키는 것을 목적으로 한 사고의 활용인 "조작하는 지적 능력manipulating intelligence "과는 반대되는 것이다. 탐욕으로부터의 해방과 최상위의 이성理性 간의 이러한 관계는 본질적으로 불가피한 것이다. 우리의 이성은 얼마까지 탐욕에 휩쓸리지 않느냐 하는 그 정도에 따라서만 제구실을 하는 것이다. 자신의 불합리한 열정들의 포로가 된 사람은 객관성의 능력을 잃어버리고 그리하여 불가피하게 자신의 열정의 손아귀에 좌지우지된다. 자신이 진실을 드러내고 있다고 믿을 때 그는 합리화를 한다.

삶의 목적으로서의 해방이라는 개념(두 가지 차원에서의)은 산업사회에서는 소실되어왔고, 아니 그보다는 차라리 좁혀져왔고 그리하여 왜곡되었다. 해방은 전적으로 **외부적 세력들**로부터의 해방에만 적용되어왔다. 중산 계급의 봉건주의로부터의 해방, 노동자 계급의 자본주의로부터의 해방, 아프리카와 아시아 민중의 제국주의로부터의 해방 등 중시되는 유일한 해방은 외부적 세력들로부터의 해방이었다. 그것은 본질적으로 **정치적 해방**이었다.*

사실 외부의 압제로부터의 해방은 필요하다. 그러한 압제는 소수의 사람들의 경우를 제외하고는 내면의 인간을 절름발이로 만들기 때문이다. 그러나 외부적 해방에 대한 일방적인 강요 역시 커다란 손해를 입혔다. 첫 번째로 해방자들은 자유의 이데올

---

* 내가 여기서 말하는 것은 대중적인 개념과 정서이다. "알라(sapere aude : dare to know)" 라는 모토를 가진 계몽철학과 그 철학자들의 **내적** 자유에 대한 관심을 고려해볼 때, 자유의 개념은 당연히 정치적인 개념이 주가 되는 것이 아니다.

로기들을 나불거리기만 하는 새로운 지배자들로 변하기 일쑤였다. 두 번째로 정치적 해방은 새로운 부자유가, 물론 드러나지 않는 불명의 형태로이기는 하지만, 생겼다는 사실을 숨길 수가 있었다. 서구 민주주의의 경우가 그러한데, 정치적 해방이 많은 위장들로 종속의 사실을 숨겼던 것이다(옛 소련에서는 그 지배가 보다 공공연해졌다). 가장 중요한 것은 인간은 쇠사슬에 묶이지 않아도 노예가 될 수 있다는 사실을 잊어버렸다는 점이다. 그것은 인간은 쇠사슬에 묶여 있을 때에도 자유로울 수 있다는, 자주 되풀이되는 종교적 발언과는 정반대되는 것이다. 지극히 보기 드문 경우에는 그것이 사실일 수도 있겠지만, 그것은 우리 시대를 위해서 의미 깊은 발언은 아니다. 그러나 인간이 쇠사슬 없이도 노예가 될 수 있다는 것은 오늘날의 우리의 상황에서는 결정적인 중요성을 가진다. 외부의 쇠사슬이 단지 인간의 내면에 채워졌을 뿐이다. 사회의 암시장치가 인간에게 가득 채워놓는 욕망들과 생각들은 외부의 쇠사슬보다 더 철저하게 인간을 묶어놓는다. 그러한 까닭은 적어도 외부의 사슬은 의식할 수 있지만, 내부의 사슬은 의식하지 못한 채, 자신이 자유롭다는 환상을 가지고 그것들을 차고 다니기 때문이다. 외부의 사슬은 벗어 내던지려고 애쓸 수 있겠지만, 있는지도 모르는 사슬을 어떻게 없애버릴 수 있겠는가?

세계의 산업화된 지역의, 어쩌면 인간 종족의, 치명적일 수도 있는 위기를 극복하고자 하는 어떠한 시도든 외부와 내부 사슬 모두의 본질을 이해하는 것부터 시작해야만 한다. 그것은 현대적, 정치적, 사회적 의미에서뿐만 아니라 고전적, 휴머니즘적 의미에서의 인간의 해방에 기반을 두어야 한다. 교회는 아직도 대체로 내면의 해방에 대해서만 이야기하고, 진보주의자들에서 공산주의자들에 이르기까지 정당들은 외부의 해방에 대해서만 이야기한다. 다른 한쪽이 없는 한쪽만의 이데올로기는 인간을 종속적인 그리고 절름발이 상태로 남겨둔다는 것을 역사는 분명하게 보여주어왔다. 유일하게 현실적인 목표는 **총체적** 해방인데, 이러한 목적을 **근본적**(혹은 **혁명적**) **휴머니즘**이라고 불러도 좋을 것이다.

해방이 산업사회에서 왜곡되어왔던 것과 마찬가지로 이성의 개념 또한 그러했다. 르네상스가 시작된 이래로, 이성이 파악하려고 애써왔던 주요 대상은 자연이었고, 놀랄 만한 기술들은 새로운 과학이 맺은 열매였다. 그러나 인간 자신은, 좀더 최근에 이르러서 심리학, 인류학, 사회학 같은 소외된 형태들을 통한 것을 제외하고서는, 더 이상 연구의 대상이 되지 못했다. 점점 더 인간은 경제적 목적들을 위한 단순한 도구들로 전락했다. 스피노자 이후 3세기가 조금 지나지 않은 동안에, 처음으로 "내면의 인간"을 다시 학문의 대상으로 만든 것은 프로이트Freud였다. 물론 프로이트는 부르주아 유물론의 옹색한 얼개로 인한 결함을 가졌지만 말이다.

내가 생각하는 바로는 오늘날의 중대한 문제는 우리가 두 측면을 가진—자연에 적용되며(과학) 인간에게 적용되는(자각)—이성의 개념으로써 내부와 외부의 해방의 고전적 개념을 재구성할 수 있을까 하는 것이다.

존재의 기술을 배우려고 할 때의 준비단계들과 관련된 제언들을 시작하기에 앞서 나는 나의 의도에 대한 아무런 오해가 없도록 확실히 해두고 싶다. 만일 독자가 이 장章이 존재의 기술을 배우기 위한 간략한 처방전일 것이라고 기대했다면, 여기서 그만두는 편이 좋을 것이다. 내가 제공하고자 하는—그리고 할 수 있는—것은 독자가 어느 방향에서 해답들을 찾을 것인가 하는 제언들이 전부이고, 나는 그 해답들 중의 몇 가지가 어떠한 것들일지 시험적으로 그 윤곽을 그려서 보여주고자 할 뿐이다. 내가 말해야 하는 것들의 불완전함에 대해서 독자에게 유일한 보상이 될 만한 것이 있다면, 그것은 내가 나 자신이 실천해왔고 체험해온 방법들에 대해서만 이야기할 것이라는 점이다.

이러한 서술원칙은 내가 다음에 이어질 장章들에서 모든 준비적 실천방법들, 혹은 더 나아가 가장 중요한 방법들에 한해서조차도 쓰려고 하지 않을 것임을 뜻한다. 요가, 또는 되풀이되는 한 단어를 중심으로 행해지는 명상인 선禪 훈련과 같은 방법들, 알렉산더, 제이콥슨, 펠든크레이스 방법의 휴식방법들은 빠져 있다. 모든 방법들에 대해서 체계적으로 쓰려면, 그 자체로 적어도 한 권의 책이 될 것이고, 그것은 제쳐놓고서라도 나는 자신이 겪어보지 않은 체험에 대해서 쓸 수는 없는 것이라고 믿기 때문에 그러한 대요大要를 쓸 수가 없다.

사실 이 장은 이런 말을 하는 것으로 바로 여기서 끝낼 수도 있을 것이다. 삶의 스승들이 쓴 글들을 읽으라, 그들이 하는 말의 진정한 의미를 이해하는 법을 배우라, 자신이 자신의 삶을 어떻게 하고 싶은가에 대한 당신 스스로의 확신을 정립하라, 그리고 아무 스승도, 아무 안내자도, 아무 모델도 필요없다는, 인간 종족의 가장 위대한 스승들이 수천 년 동안에 발견했던 것을— 그리고 그 스승들 하나하나가 자기 이전의 사람들이 남겨준 돌들과 약도를 가지고 건물을 지었다—자신이 한 생애 동안 찾아낼 수 있다는 순진한 생각을 이겨내라. 가장 위대한 삶의 스승들 중의 한 사람—마이스터 에크하르트—이 말했듯이 "누구든 존재와 죽음의 기술을 배우지 않고서 어떻게 살 수가 있겠는가?"

그렇기는 하지만, 나는 여기서 이 책을 끝내지는 않을 것이고, 내가 위대한 스승들을 공부하면서 배웠던 몇몇 사상들을 어떤 단순한 형태로 제시하고자 노력하겠다.

도움이 되는 방법들 중의 몇 가지에 대해서 고찰하는 일에 앞서서, 길을 막는 주요 장애물들을 깨달아야만 한다. 무엇을 피해야 할지 깨닫지 못하면, 모든 노력이 헛될 것이다.

제 2 부

삶에 대한, 자기 자신에 대한, 다른 사람들에 대한 믿음은
현실적 태도라는 단단한 암반 위에 세워져야만 한다.
말하자면 악이 어디에 있는지를 볼 수 있고,
협잡과 파괴성과 이기심이 분명하게 드러났을 때뿐만 아니라
그것들이 많은 변장을 하고 합리화되어 있을 때에도
볼 수 있는 능력 위에 세워져야 한다.

2

거대한 사기

존재의 기술을 배우는 데 아마도 가장 어려운 장애물은 내가 "거대한 사기"라고 부르려는 것일 것이다. 그것은 인간 계발의 장場에 국한된 것 같지는 않고, 반대로 인간 계발의 장은 우리 사회의 모든 분야들에 횡행하는 그 거대한 사기가 모습을 드러낸 곳들 중 하나일 뿐이다. 원래부터 쓸모없도록 만들어진 제품들, 약간의 사실과 많은 거짓을 뒤섞어 광고하는, 소비자들에게 해롭지는 않다고 하더라도 사실상 쓸모가 없거나 지나친 가격을 붙인 제품들이 나오는 현상은 물론이고, 다른 많은 사회적 현상들은 거대한 야바위의 일부이며, 법은 그중에서도 가장 악질적인 형태들에 대해서만 기소를 한다. 상품들만 보더라도 상품들의 실제 가치는 광고와 상표와 메이커의 유명도가 연상하게 만드는 가치에 숨겨 가려져 있다. 인간을 위한 최대의 유용성에 대한 관심이 아니라 최대의 이윤에 대한 관심으로 생산을 운영하는 것을 기본 원칙으로 하는 체제에서 어찌 그렇지 않을 수가 있겠는가?

정치 분야에서의 거대한 사기는 최근에 워터게이트 사건이나 베트남 전쟁의 처리—"가까운 승리" 운운하는 사실이 아닌 이야기나, 아니면 직접적인 날조(공중 공격들이 있었다는 거짓 보고들의 경우처럼)가 포함된—를 통해서 더욱더 분명해졌다. 그렇기는 하지만, 정치적 사기라는 빙산의 일각만이 드러났을 뿐이다.

예술과 문학 분야에서도 역시 사기가 판치고 있다. 대중은, 심지어 교육받은 사람들까지도, 대개가 진짜와 가짜의 차이를 알아보는 능력을 잃어버렸다. 이러한 결함은 몇 가지 요인들 때문에 생긴다. 무엇보다 첫째가는 것은 대부분의 사람들이 가진, 순전히 머리로만 이해하려는 경향이다. 그들은 오직 **말들**과 지적인 개념들만을 읽거나 들을 뿐, 그 저자의 진정성의 증거를 찾고자 하는 "제3의 귀"로 듣지를 않는다. 예를 하나 들어보자. 선불교에 관한 저술 분야에서는 스즈키 다이세츠鈴木大拙 같은 저자들이 있다. 스즈키가 진짜라는 것은 의심할 여지가 없다. 그는 자기가 체험한 것들을 이야기한다. 이렇게 진짜라는 사실 자체가 그의 책들을 종종 읽기 힘든 것으로 만든다. 합리적으로 만족시켜주는 대답들을 하지 않는다는 것이 선禪의 본질이기 때문이다. 다른 책들도 얼마간 있는데 그 책들은 선의 **사상들**을 제대로 묘사하고 있는 듯 보이지만, 그 저자들은 체험이 얕은 단순한 지식인들일 뿐이다. 그들이 쓴 책들은 더 이해하기 쉽지만, 선의 본질적인 특질을 전달해주지 않는다. 그런데도 선에 대해서 진지한 관심을 가지고 있다고 자칭하는 대부분의 사람들이 스즈키와 다른 저자들 사이의 결정적인 질적 차이를 알아차리지 못했다는 것을 나는 발견했다.

진짜와 가짜의 차이를 구별하기 어려운 다른 한 이유는 유력한 인물과 명성의 최면적인 흡인력에 있다. 누군가의 이름이나 어떤 책의 제목이 교묘한 홍보에 의해서 유명해지면, 보통 사람들은 그 작품이 주장하는 바들을 기꺼이 믿으려고 한다. 이 과정은 다른 요인에 의해서 크게 도움을 받는다. 팔릴 수 있다는 것과 최고의 이익이 핵심적인 가치들을 이루고, 모든 사람들이 최고의 이익(성공)이라는 목적을 가지고 시장에 투자해야만 하는 "자본"으로서의 자기 자신을 체험하게 되는 완전하게 상업화된 사회에서는 그 사람의 내적 가치는 치약이나 특허약의 그것만큼이나 별것 아닌 것이 된다. 그 사람이 친절한가, 똑똑한가, 생산적인가, 용감한가 따위는 그러한 자질들이 그를 성공하게 만드는 데 유용한 것이 아닌 한 별로 중요하지 않다. 반면에 그가 한 사람으로서, 작가로서, 미술가로서 혹은 무엇으로서든 보통 실력이기만 하면, 그리고 자기 도취적이고 공격적이고 술을 잘 마시고, 외설스러운 뉴스거리가 잘 되는 사람이라면, 그는―약간의 능력만 가지고 있다면—손쉽게 당대의 "앞서가는 미술가들 혹은 작가들" 중의 한 명이 될 것이다. 물론 그 사람만 관계된 것은 아니다. 미술상들, 저작권 대리인들, 광고인들, 출판사들 모두가 그의 성공에 재정적인 관심을 가지고 있다. 그는 그 사람들에 의해서 "만들어지고", 그리하여 일단 전국적으로 광고되는 작가, 화가, 가수가 되면, 일단 "유명 인사"가 되면, 그는 위대한 사람이 되는 것이다. 텔레비전을 보는 사람이라면 기억하지 않으려야 않을 수가 없는 이름의 가루비누가 최고이듯이 말이다. 물론 협잡과 야바위는 새로울 것이 없는 이야기이다. 그런 것들은 언제나 있어왔다. 그러나 대중의 눈에 든다는 사실이 그렇게 전적인 중요성을 가진 시대는 아마도 없었을 것이다.

이러한 실례들을 통해서 우리는 이 책의 문맥에서 가장 중요한 것인 거대한 사기의 영역과 접하게 된다. 인간의 복지와 내적 성장과 행복의, **인간 구원의 영역에서의** 사기 말이다.

나는 여기서 내 자신이 이 장章을 집필하는 것을 몹시 망설였고 쓴 다음에도 빼버리고 싶은 유혹까지 받았다는 것을 고백하지 않을 수 없다. 이 망설임의 이유는 이 영역에서는 상업화되지 않고 부패되지 않은, 그리고 그것이 아니라면 잘못 이용되지 않는 단어들이 거의 전혀 없다는 사실에 있다. "인간적 성장" 혹은 "성장 잠재력", "자아 실현", "체험 대對 생각", "지금 여기서" 등과 같은 말들과 다른 많은 말들이 잡다한 문필가들과 집단들에 의해서 싸구려가 되어왔고, 심지어는 광고 문안으로도 이용되었다. 단지 어떤 단어들이 똑같다고 해서 독자들이 내가 쓰고 있는 관념들을 정반대의 의미를 가진 관념들과 연결시키리라는 것을 나로서는 두려워할 수밖에 없는 것이 아닌가? 이 영역에 관해서 쓰는 것을 완전히 집어치우거나 아니면 별도의 목록에 그 의미가 밝혀져 있는 수학적 기호들을 이용하는 것이 더 알맞지 않을까? 나는 독자들에게 단어들이란 그것들이 사용되는 문맥, 그 단어들을 사용하는 사람의 의도와 성격과 관련해서 말고는 그 자체 내에 그리고 그 자체만으로는, 아무런 실체도 가지고 있지 않다는 것을 의식해주기를 간청한다. 그 말들을 심층적인 조망 없이 일차원적으로 읽는다면 그것들은 여러 관념들을 전달하는 것이 아니라 감추어버린다.

간략한 개요이기는 하지만 시작하기에 앞서서, 내가 사기에 관해서 말하는 것은 다양한 운동들을 이끄는 지도자들이나 그 종사자들이 알면서 부정한 짓을 한다거나 대중을 속이려는 의도를 가지고 있다는 뜻으로 하는 말이 아니라는 점을 언급해두고자 한다. 그것이 사실에 해당되는 사람들도 더러 있기는 하지만, 나는 대다수가 좋은 일을 하려는 의도를 가지고 있다고 믿고 또한 그들의 정신적 상품들의 유용성을 믿는다. 그러나 알고서 하는 의도적인 사기만 있는 것은 아니다. 사회적으로 더욱 위험한 것은 그것이 전쟁을 계획하는 것이든 행복으로 가는 길을 제공하는 것이든 간에 그 수행자들이 정말로 옳다고 믿는 사기이다. 사실 좋은 뜻을 가진 사람들을 개인적으로 공격하는 것으로 받아들여질 위험을 무릅쓰고서라도, 몇 가지는 이야기하지 않을 수 없다.

사실상 개인적인 공격을 할 이유가 별로 없다. 그들 구원을 파는 상인들은 폭넓게 퍼져 있는 요구들을 만족시켜주는 것뿐이니까. 어떻게 달리 될 수 있겠는가? 사람들은 혼란스러워하고 불안정하고, 그들은 기쁨과 평온과 자기 인식과 구원으로 인도해줄 해답들을 찾는다. 그러나 그들은 또한 쉽게 배울 수 있는 것을, 노력을 조금밖에 혹은 전혀 필요로 하지 않는 것을, 성과를 빨리 얻는 것을 요구하는 것이다.

1920년대와 1930년대에 새로운 하나의 운동이 나타났다. 그것은 적은 수의 사람들이 새로운 그리고 지금까지 대중적이지 않았던 사상들에 대해서 품은 순수한 관심 위에 세워진 것이었다. 그 사상들이란 두 가지의 핵심적인 문제들을 둘러싸고 형성된 것이었다. 즉 종래의 삶이 짜부라트려 묶어놓았던 족쇄로부터의 육체의 해방과 정신의 해방이 그 두 가지 문제였다.

첫 번째 경향은 두 가지 근원을 가지는데, 그중 하나는 정신분석적인 것이었다. 게오르크 그로데크Georg Groddeck는 육체를 느슨하게 풀어주고 그리하여 환자가 긴장과 억압감을 없애도록 도와주기 위해서 처음으로 마사지를 이용했다. 빌헬름 라이히

Wilhelm Reich는 보다 더 체계적으로, 그리고 자신이 하는 일에 대한 더 큰 이론적 인식을 가지고 같은 길을 갔다. 그가 하는 일은 탈脫억압을 막는 보호적 방어막 구실을 하는, 옥죄어지고 뒤틀린 신체 자세를 깨트림으로써, 피억압자를 방어해주는 저항력을 부수는 일이었다. 라이히의 작업은 1920년대의 엘자 긴들러Elsa Gindler의 작업으로부터 출발하는 다양한 육체 자각의 방법들을 기반으로 한 것이었다.

두 번째 경향, 즉 정신의 해방은 대개가 동양사상들, 특히 특정 형태의 요가, 선불교, 불교 명상을 중심으로 한 것이었다. 그 모든 사상들과 방법들은 오직 소수의 사람들에게나 관심이 있는 것이었지만, 순수하고 소중한 것이었으며 또한 구원으로 이르는 손쉬운 지름길을 기대하지 않았던 많은 사람들에게는 커다란 도움이 되었다.

1950년대와 1960년대에는 훨씬 더 많은 사람들이 행복으로 이르는 새로운 길들을 찾고 있었고, 그리하여 대중시장이 형성되기 시작했다. 특히 캘리포니아는 이미 언급된 것들 중의 몇몇 정통적 요법들과 단기 코스로, 일종의 영적靈的 스뫼르고스보르드(smörgåsbord, 이것저것 가짓수가 많고 주로 서서 먹는 스칸디나비아식 요리/역주) 프로그램을 통해서 민감한 감수성, 기쁨, 통찰력, 자기 인식, 더 큰 정서, 휴식 등을 약속하는 싸구려 요법들을 뒤섞기에 비옥한 토양이었다. 오늘날 이 스뫼르고스보르드 프로그램에는 없는 것이 없다. 감수성 훈련, 집단 치료, 선禪, 태극권 등, 하늘 아래 있는 거의 모든 것들을 쾌적한 환경 속에서 그리고 진심으로 이루어지는 교제와 진심에서 우러나오는 감정의 결핍 등과 같은 똑같은 문제들을 겪는 다른 사람들과 함께 누리는 것이다. 대학생들로부터 기업의 임원진에 이르기까지 모든 사람들이, 노력을 거의 들이지 않고서 자기가 원하는 것을 찾는 것이다.

"감각적 인식" 등과 같은 몇몇 스뢰르고스보르드 요리들의 경우, 그 가르침에는 아무것도 문제될 것이 없다. 다만 내가 비판하는 것은 그 가르침이 이루어지는 분위기이다. 다른 시도들의 경우에, 사기는 가르침이 표피적이라는 데 있고, 그 가르침이 위대한 스승들의 통찰력을 근거로 한 것인 체할 때 특히 그러하다. 그러나 가장 거대한 사기는 인간성의 심오한 변화를 약속하지만—명시적으로든 묵시적으로든—얻는 것은 순간적인 증세의 개선, 혹은 기껏해야 원기 진작 그리고 약간의 휴식이다. 본질적으로 이런 요법들은 성격의 근본적인 변화 없이, 기분이 나아지고 사회에 좀더 잘 적응하게 되는 방법일 뿐이다.

그러나 이 캘리포니아 운동은 "구루들"(힌두교의 스승, 도사道師, 교부敎父/역주)에 의해서 그리고 그들을 중심으로 해서 운영되는 영적靈的 상품들의 대량생산에 비하면 보잘것없는 것이다. 무엇보다 가장 놀랄 만한 성공은 인도인 마하리시 마헤시 요기Maharishi Mahesh Yogi를 지도자로 한, 초월 명상T. M., Transcendental Meditation이라는 운동의 성공이었다. 이 구루는 인도의 아주 오래된 한 전통 사상─주문呪文, mantra을 이용한 명상─에 달라붙었다. 보통 주문은 힌두교 경전에서 따오는 어떤 한 단어인데, 거기에 정신을 집중하면 그 단어가 특별한 깊은 뜻을 가지게 된다(우파니샤드의 "옴"처럼)는 것이다. 그렇게 집중하는 것이 결과적으로 휴식을 가져오고 긴장을 덜어주며 휴식에 따라오는 행복의 감정을 준다고 한다. 초월 명상은 신비화시키는 일 없이도 "평온하라", "사랑", "하나", "평화" 같은 영어 단어들, 아니면 좋아 보이는 다른 어떤 단어들을 이용해서도 실행할 수가 있다. 날마다 규칙적으로 느긋한 자세로 두 눈을 감고서 약 20분 동안 행한다면 그것은 분명히 차분함과 휴식과 활력 증진의 뚜렷한 효과가 있다(아직 나 자신이 행해보지는 않았으므로, 이 말은 해본 사람들의 믿을 만한 보고들에 의한 것일 뿐이다).*

마하리시가 이 요법을 창안한 것은 아니지만, 그는 그것을 포장해서 시장에 내다팔 수 있는 방법을 창안했다. 첫 번째로 그는 주문들을 팔면서, 한사람 한사람을 위해서 그 고객에게 딱 알맞은 주문을 뽑았다고 주장했다(특정한 주문과 특정한 개인 간에 설사 그런 상호 관련이 있다고 할지라도, 신참자들에게 그 비법을 소개하는

---

* 보스턴 베드이스라엘 병원의 고혈압과 주임의사인 허버트 벤슨의 보고서에 의하면 고혈압 환자의 혈압이 놀랄 만큼 내려간다고 한다(「뉴스위크[Newsweek]」, 1975년 5월 5일자).

수천 명의 교사들 중의 어느 누구라도 손님에게 딱 맞도록 주문을 뽑을 수 있을 만큼 그 새 손님의 개성에 대해서 충분히 안다는 것은 거의 있을 수 없는 일이다). 새 고객들에게 적지 않은 액수로 그 요법을 팔기 위한 기반이 맞춤 주문의 발상이다. "개개인의 사적인 소망들이 고려되고, 교사에 의해서 **이것의 실현 가능성이 강화된다.**"* 굉장한 약속이다! 초월 명상만 실천하면 어떤 소망이든 실현될 수 있다.

두 번의 소개 강의를 들은 뒤 신참자는 교사와의 면담을 가진다. 그 다음에는 작은 예식을 치르면서 자기만의 주문을 받고, 그 주문을 혼자서든 아니면 다른 사람에게든 소리내어 말하지 말라는 가르침을 받는다. 신참자는 자신이 그 요법들을 다른 사람들에게 결코 가르쳐주지 않겠다는(그 독점사업에 손을 못 대게 하기 위한 것이 분명하다) 진술서에 서명해야만 한다. 이 새로운 신봉자는 그를 끌어들인 교사에게서 일 년에 한 번씩 얼마나 발전했는지 검사를 받을 권리가 있다. 그러나 내가 아는 바로는 그것은 대개는 짧은 요식 절차이다.

이 운동에는 이제 수십만 명의 신봉자들이 있는데, 주로 미국에 있지만 많은 유럽 나라들에서도 점점 더 늘어나고 있다. 초월 명상이 내건 약속은 어떤 개인적인 소망이든 달성하게 된다는 것 외에도 그 실천이 아무런 노력도 필요로 하지 않는다는 것

---

* 『초월 명상(*Transcendental Medication*)』(마하리시 국제 대학교 출판부, 1974년 3월. 강조는 필자에 의한 것임).

이다. 노력이야말로 성공적인, 의미 있는 행동을 위한 기반인데도 말이다. 성공과 내적 성장이 함께 가고, 카이사르와 신神이 하나가 되고, 그리하여 정신적으로 성숙해질수록 사업에서도 더욱더 성공하게 된다. 사실상 그 운동 자체가—그 광고, 그 막연하고 흔히 무의미한 언어, 몇몇 훌륭한 사상들을 들먹이는 것, 미소짓고 있는 한 지도자에 대한 숭배—거대사업의 모든 면모를 취하고 있다.

그 운동이 존재하고 인기가 있다는 것은 특정한 특허약품들이 그런 것만큼 별로 놀라울 것이 없는 일이다. 놀라운 것은 그 신봉자들과 종사자들 중에, 내가 개인적인 체험으로 알고 있는 바로는, 의심할 바 없는 성실성과 높은 지성과 뛰어난 심리학적 통찰력을 가진 사람들이 있다는 점이다. 나는 그런 사실에 어리둥절해졌다는 것을 인정하지 않을 수 없다. 물론 그들의 긍정적인 반응은 명상 체험이 가져다주는 휴식과 활력 증진의 효과 때문일 것이다. 그렇지만 그렇게 어리둥절하게 만드는 것은 그들이 그 분명치 않은 말들과 그 노골적인 광고 정신과 과장된 약속들과 구원사업의 상업화에 대해서 불쾌감을 느끼지 않는다는 사실이다. 그리고 어째서 그들이 앞에서 언급했던 것과 같은 신비화시켜서 속여넘기지 않는, 다른 방법들을 택하는 것이 아니라 초월 명상과의 관계를 유지하는가 하는 점이다. 개인 정신의 발전 분야에서도 인정을 해주지 않을 수 없을 만큼, 그 거대산업의 정신과 판매방법들이 잠식해들어간 것일까?

　내 의견으로는 주문 명상의 좋은 효과에도 불구하고 그것은 그 지지자들에게 손해를 입힌다. 이 손해를 제대로 알려면 주문 명상이라는 하나의 행위를 넘어서서 그것이 한 부분을 이루고 있는 전체 바탕을 보아야만 한다. 그것은 하나의 우상 숭배를 지지하고 그리하여 자신의 독립심을 줄어들게 만드는 일이며, 우리 문명의 비인간화적 측면―모든 가치들의 상업화―뿐만 아니라 허위광고 정신, 무無노력 신조, 그리고 모든 전통적인 가치들―자기 인식, 기쁨, 행복과 같은―을 교묘한 포장으로 왜곡하는 것을 지지하는 일이다. 결과적으로 사람의 마음은 혼란스러워지고 이미 존재하는, 그래서 없애버려야만 하는 환상들에 더해서 새로운 환상들로 가득 차게 되는 것이다.

　초월 명상과 같은 운동들에는 또다른 위험이 있다. 내적 변화를 달성하고 삶에 대한 새로운 의미를 찾기를 정말로 열렬히 원하는 많은 사람들이 그 운동을 이용하고, 초월 명상은 수사학으로 그러한 소망들을 지지한다. 그러나 그것은 실제에서는 하타 요가, 아니면 많은 사람들의 경우에 기분과 기운을 북돋아주는 휴식의 상태들을 얻어냈던, 작고한 I. H. 슐츠I. H. Schultz 교수에 의한 진짜 자율 훈련법(자기 암시, 호흡 단련, 명상을 통해서 심신을 쉬게 하는 방법/역주)과 비교될 수 있는, 휴식을 위한 하나의 방법에 지나지 않는다. 그러한 휴식은 바람직한 것이기는 하지만, 자기 중심으로부터 내적 자유로의 근본적인 인간적 변화와는 아무런 상관도 없다. 분명히 초월 명상은 자신의 소유구조의 대부분을 떨쳐버린 사람에게와 마찬가지로, 허황되고 자기 중심적인 사람에게도 쓸모 있는 것이기는 하지만, 그것은 일시적인 휴식 이상의 것인 척함으로써 자신들이 초월 명상에서 찾았다고 믿지 않았더라면 해방으로 가는 진정한 길을 추구했을 많은 사람들에게 그 길을 가로막는 것이다.

최근에 이 운동은 자기 자신에게뿐만 아니라 인류에게 관심을 가진 사람들도 끌어들여 합류시켰다. 마하리시는 1972년 1월 8일 마요르카 섬에서 7일간의 침묵 끝에, "창조적 지성의 과학"을 가르치는 2,000명의 새로운 교사들에게 "월드 플랜"을 발표했다. 이 월드 플랜은 100만 명마다 센터를 하나씩, 3,500개의 "월드 플랜 센터"를 세우는 것으로 달성된다. 각 센터는 창조적 지성의 과학을 가르치는 1,000명의 교사들을 교육시키고, 그리하여 결국은 세계의 모든 지역이 1,000명마다 1명씩 교사를 가지게 하자는 것이다. 월드 플랜에는 7개의 목표가 있는데, 그중에는 "정부가 해놓은 일들을 더 좋게 개선시킨다", "오래된 문제들인 범죄와, 불행으로 끝나는 모든 행위들을 일소시킨다"는 목표도 있다. 7개의 목표를 실현하기 위해서 7개의 코스가 있다. 자신의 목표를 요약하면서 마하리시는 이렇게 말했다. "오늘의 세계의 문제들이 근본적으로 줄어들고 마침내 없어질 때, 그리고 모든 나라의 교육 당국자들이 완전히 발달된 시민들을 키워낼 수 있을 때, 그때 비로소 우리는 우리가 성공한 것으로 간주할 것이다."*

세계의 구원을 위한 이런 계획들 속에는 저속한 판매방법들 이상을 넘어서는 어떠한 사상도 결여되어 있다는 것을 입증하기 위해서 무슨 논평을 해야 할 필요가 있을까?

초월 명상의 성공은 비슷한 모험사업들을 생기게 했다.「뉴스 위크」(1975년 2월 17일)에 그런 사업 하나에 대한 이야기가 실려 있다. 태어났을 때에는 잭 로젠버그였고, 지금은 베르너 에르하르트(베른헤르 폰 브라운—아폴로 호의 달 착륙 프로그램에서 이용된 새턴 로켓을 개발한 독일인—의 이름과 서독의 전 수상 루트비히 에르하르트의 이름을 딴)인 창업주는 에르하르트 세미나 트레이닝EST을 창설했다. EST를 통해서 그는 "자신의" 체험을 요가, 선, 집단 감수성 훈련, 엔카운터 요법(encounter therapy, 자신의 감정을 자유롭게 털어놓아 꾸밈없는 인간 상호 간의 만남으로 자기 실현을 촉진시키기 위한 집단 심리요법의 하나/역주) 등으로 포장하여, 2회의 주말 수업으로 250달러에 팔리는 새로운 상품 세트로 만들었다. 1975년의 보고에 의하면, 이미 6,000명의 구원을 찾는 사람들이 수업을 받아 EST에 커다란 이익을 남겨주었다. 이것은 초월 명상에

* 같은 책.

비하면 아주 보잘것없지만, 이제는 한 인도인뿐만 아니라, 전에 개인적 동기부여 전문가였던 한 필라델피아 변두리 출신까지도 이 사업에 끼어들 수 있다는 것을 보여준다.

이런 운동들에 이렇게 많은 지면을 바친 것은 거기에 배워야 할 중요한 교훈이 있다고 생각하기 때문이다. 자기 변혁을 위한 어떠한 접근방법이든 간에 그 기반은 현실에 대한 자각과 환상으로부터의 탈피를 점점 더 추구해야 한다는 것이다. 환상은 가장 경이롭게 들리는 가르침까지도 오염시켜서 그것을 유독한 것으로 만들어버린다. 나는 여기서 가르침 안에 있을 수 있는 잘못들에 관해서 이야기하고 있는 것이 아니다. 사람들이 윤회가 있다는 것을 믿지 않기 때문에 부처의 가르침들은 오염되지 않고, 지구의 역사와 인간의 진화에 관한 보다 실제적인 지식과 딴판이기 때문에 성경의 글들 또한 오염되지 않는다. 그러나 가르침을 오염시키는 거짓들과 속임수들이 있을 뿐만 아니라, 노력 없이 커다란 성과를 얻을 수 있다고, 혹은 명성에 대한 갈망이 자기 중심적이지 않은 마음과 합치할 수 있다고, 혹은 대중암시의 방법들이 인간의 독립과 양립할 수 있다고 말하는 것이 바로 그러한 것들이다.

순진해지거나 쉽게 속아넘어가서는 안 된다. 만연한 허위들이 파국으로 인도할 수도 있는 오늘날에는 그 어느 때보다도 더욱 그러하다. 허위는 사람들을 진짜 위험들과 진짜 있을 수 있는 일들에 대해서 눈멀게 만들기 때문이다.

"현실주의자들"은 온정을 찾으려고 애쓰는 사람들에 대해서, 그들은 좋은 뜻을 가지고 있기는 하지만 천진난만하고, 환상들로 가득 차 있어서, 한마디로 바보들이라고 믿는다. 그리고 그런 현실주의자들이 완전히 틀린 것은 아니다. 폭력과 증오심과 이기심을 혐오하는 사람들의 대부분이 순진하다. 그러한 믿음을 유지하기 위해서 그들은 모든 사람들의 타고난 선善을 믿어야 할 필요가 있다. 그들의 믿음은 개개인들과 집단들의 추악함과 사악함에 대해서 눈을 감지 않고서도 인간의 풍요로운 가능성을 믿을 수 있을 만큼 강하지는 못하다. 그들이 그런 한, 최고의 행복을 얻고자 하는 그들의 시도들은 실패할 수밖에 없고, 그리하여 심한 실망감은 그들에게 자기들에게 잘못이 있었다고 확신하게 만들거나 아니면 그들을 우울증으로 몰아갈 것이다. 그때에는 그들은 무엇을 믿어야 할지 알 수 없을 것이기 때문이다.

삶에 대한, 자기 자신에 대한, 다른 사람들에 대한 믿음은 현실적 태도라는 단단한 암반 위에 세워져야만 한다. 말하자면 악이 어디에 있는지를 볼 수 있고, 협잡과 파괴성과 이기심이 분명하게 드러났을 때뿐만 아니라 그것들이 많은 변장을 하고 합리화되어 있을 때에도 볼 수 있는 능력 위에 세워져야 한다. 실로 믿음, 사랑, 소망은 다 벌거벗겨진 대로의 현실을 보고자 하는 그러한―속 모르는 사람이라면 그러한 태도를 "냉소주의"라고 부르고 싶어질 만한―열정과 합치되어야만 한다. 그리고 냉소적이라는 말이 사람들이 말하고 믿는 거의 모든 것들을 뒤덮고 있는 달콤하고 그럴듯한 거짓들에 속아넘어가기를 거부한다는 뜻이라면, 그런 태도는 냉소적인 것이기는 하다. 그러나 **이런** 종류의 "냉소주의"는 냉소주의가 아니다. 그것은 타협의 여지 없이 비판적인 것이며, 속임수의 체계 안에서는 게임을 하지 않겠다는 거부이다. 마이스터 에크하르트가 "단순한 자"(예수가 가르쳤던)에 대해서 "그는 속이지는 않지만 **그러나 속지도 않는다**"*라고 말했을 때, 그는 그것을 간결하고 명료하게 표현한 것이다.

사실 부처도, 성서 속의 예언자들도, 예수도, 에크하르트도, 스피노자도, 마르크스도, 슈바이처도 "물렁이들"이 아니었다. 반대로 그들은 고집 센 현실주의자들이었고, 그들 대부분이 박해받고 중상모략을 받은 것은 그들이 덕을 설교했기 때문이 아니라 진실을 말했기 때문이다. 그들은 권력과 직위나 명성을 중히 여기지 않았고, 황제가 벌거숭이 인간이라는 것을 알았으며, 권력이 "진실을 말하는 자들"을 죽일 수 있다는 것을 알고 있었다.

* 『마이스터 에크하르트의 작품들(*The Works of Master Eckhart*)』 중, 설교 30, "예수는 사원에 앉아 가르쳤다"(강조는 필자에 의한 것임).

3

하찮은 이야기

존재의 기술을 배우는 데 장애가 되는 것들 중 다른 하나는 **하찮은 이야기**에 **빠지는** 것이다.

하찮다trivial는 것은 무엇인가? 문자 그대로 그것은 "흔히 있는 commonplace"(라틴어로는 tri-via, 세 갈래 길이 만나는 지점)이라는 뜻이다. 그것은 보통 얕고, 시시하고, 모자라는 능력 혹은 도덕적 품격을 가리킨다. 또한 "하찮다"는 것을, 사물의 원인이나 더 심층에 깔린 것들에는 관심이 없고 단지 사물의 표면에만 관심을 가지는 태도, 본질적인 것과 본질적인 것이 아닌 것 간의 구별을 하지 않는 태도, 아니면 그 두 가지 속성을 거꾸로 뒤집어놓기를 잘하는 태도라고 정의할 수도 있을 것이다. 덧붙여 우리는, 하찮음은 살아 있지 않음, 반응 없음, 죽어 있음으로부터 생기는 것이라고 혹은 인간이 해야 할 중요한 일, 즉 완전하게 태어나는 것과는 아무런 관련이 없는 일들로부터 생긴다고 말할 수도 있을 것이다.

이 후자의 의미에서 부처는 하찮은 이야기의 정의를 내렸다. 그는 이렇게 말했다.

승려가 이야기하고 싶은 마음이 들 때는, 이렇게 생각해야만 한다. "나는 추잡하고 세속적이고 이로움이 없으며, 초탈, 초연함, 무위, 평온, 직접적인 앎, 깨달음, 열반으로 이르지 않는 저질의 이야기들에 관여하지 않으리라. 즉 왕들, 도둑들, 대신들, 군대들, 기아와 전쟁에 관한 이야기들, 먹고 마시고 입고 자는 것에 관한 이야기, 꽃, 향수, 친척, 탈것들, 마을과 읍과 도시와 나라들에 대한 이야기들, 여자와 술에 관한 이야기, 시정市井 잡담, 조상 이야기, 온갖 잡사에 대한 이야기, 세계와 바다의 기원에 관한 이야기, 이런저런 일들에 대한 이야기, 그리고 비슷비슷한 문제들에 대한 이야기에는 관여하지 않으리라." 그러면 그는 분명한 이해력을 가지고 있는 것이다.

"그러나 금욕적인 생활에 도움이 되고, 맑은 정신을 위해서 쓸모가 있는 이야기, 완전한 초탈 초연함, 무위, 평온, 직접적인 앎, 깨달음, 열반으로 인도하는 이야기, 즉 검소한 생활, 자족스러움, 독거獨居, 은둔, 정력을 쏟는 일, 덕, 전념, 지혜, 해탈, 그리고 해탈이 가져다주는 앎과 계시에 관한 이야기, 그런 이야기에 나는 관여하겠다." 그러면 그는 분명한 이해력을 가진 것이다.*

세계의 기원에 대한 문제처럼, 하찮은 대화의 예로서 위에 인용된 것들 중 어떤 것들은 불교 신자가 아닌 사람들에게는 하찮은 것으로 보이지 않을 수도 있고, 어쩌면 불교 신자라고 할지라도 기아에 관한 이야기는, 돕고자 하는 뜻을 가진 진지한 것이라면, 부처가 결코 하찮다는 뜻으로 말하지 않았을 것이라고 말할는지도 모른다. 그렇다고 하더라도, 어떤 사람들에게는 신성한 것이고 대다수의 사람들에게는 소중한 것인 화제들을 과감하게 요약해놓은 그 전체 목록은 진부함이 어떤 맛인가를 전해주기 때문에 아주 인상적이다. 인플레이션, 베트남, 근동, 워터게이트 사건, 선거 등에 관해서 지난 세월 동안 얼마나 많은 대화들이 이루어졌으며, 그 대화들이 속이 훤히 들여다보이는 것—경직된 당파적 관점—을 넘어서, 논의되는 그 현상들의 뿌리와 원인까지 꿰뚫고 들어가는 경우는 얼마나 드물었던가? 나는 대부분의 사람들이 뭔가 이야기할 것을 가지기 위해서, 말하자면 시시한 차원에서라도 서로 의사소통을 할 이유를 가지기 위해서 전쟁과 범죄와 스캔들과 심지어 병病까지도 필요로 하는 것이라고 쉽게 믿게 된다. 실로 인간들이 상품으로 바뀐다면, 그들의

---

* 냐나포니카 테라, 『불교 명상의 핵심(The Heart of Buddhist Meditation)』(Samuel Weiser, 뉴욕, 1973), p.172에 인용된 마이시마-니카야, 122.

대화라는 것이 하찮지 않을 수 있겠는가? 팔려고 내놓은 상품들도 말을 할 수 있다면, 손님들에 대해서, 판매원들의 행동에 대해서, 높은 가격에 팔리기를 원하는 자기 자신들의 희망에 대해서, 자기들이 팔리지 않을 것임이 분명해졌을 때의 실망감에 대해서 이야기하지 않겠는가?

어쩌면 가장 하찮은 이야기는 자기 자신에 대해서 이야기하려는 욕구일 것이다. 그런 까닭에 건강과 병, 아이들, 여행, 성공담들, 자기가 한 일, 그리고 중요해 **보이는** 셀 수 없이 많은 나날의 일들이라는 결코 끝나지 않는 주제가 있는 것이다. 줄곧 자기 이야기만 하면 지겨운 사람으로 생각될 수 있으므로, 다른 사람들이 자기 이야기를 하는 것을 기꺼이 들어줌으로써 그 특권을 교환한다. 개인들 간의 사사로운 사교 모임들(그리고 흔히는 온갖 종류의 단체들과 집단들의 모임들 역시)은 자신에 대해서 이야기하고자 하는 욕구와 그것을 들어주기를 원하는 욕망을, 똑같은 기회를 찾는 다른 사람들의 욕구와 교환하는 작은 시장들이다. 대부분의 사람들은 이 교환의 협정을 존중한다. 그렇게 하지 않고, 기꺼이 들어주기보다는 자기 자신에 대해서 더 많이 이야기하고 싶어하는 사람들은 "속임수를 쓰는 사람들"이다. 그래서 그들은 노여움을 사고, 아무렇지도 않게 넘어가기 위해서 보다 질이 떨어지는 친구들을 택해야만 한다.

자신에 대해서 이야기하고 들어줄 것을 원하는 사람들의 욕구를 나로서는 과대평가해주기 힘들다. 그런 욕구가 자기 자신들로만 꽉 차 있는 지극히 자기 도취적인 사람들에게만 있는 것이라면, 그것은 이해하기 쉽다. 그러나 그것은 우리의 문명에 내재해 있는 이유들로 인해서 보통 사람들에게도 있는 것이다. 현대인은 대중사회인mass man이다. 현대인은 지극히 "사회화되어" 있지만, 몹시 외롭다. 데이비드 리스먼David Riesman은 1961년에 간행된 『고독한 군중The Lonely Crowd』이라는 책의 제목을 통해서 그런 현상을 뛰어나게 표현했다. 현대인은 다른 사람들로부터 소외되어 있고, 어떤 딜레마에 직면해 있다. 현대인은 다른 사람들과의 가까운 접촉을 두려워하지만, 혼자 있고 아무런 접촉도 가지지 못하는 것을 마찬가지로 두려워한다. "어떻게 외롭지 않으면서 혼자 지낼 수 있을까?" 하는 문제에 대한 해답이 하찮은 대화의 기능이다.

이야기하기는 하나의 중독현상으로 변한다. "이야기하는 한 나는 내가 존재한다는 것을, 내가 아무것도 아닌 사람이 아니라는 것을, 내가 어떤 과거를 가지고 있고, 직업을 가지고 있으며, 가족을 가지고 있다는 것을 안다. 그리고 그 모든 것들에 관해서 이야기함으로써 나는 나 자신을 확인한다. 그러나 나는 누군가 들어줄 사람이 필요하다. 단지 나 혼자 이야기를 하고 있는 것이라면 나는 미쳐버릴 것이다." 사실은 독백만이 있음에도 불구하고, 들어주는 사람이 있다는 것은 대화의 환상을 만들어낸다.

한편 나쁜 사귐은 단순히 하찮은 사람들을 사귀는 것만이 아니라 사악하고, 사디스트적이고, 파괴적이고, 삶에 적대적인 사람들을 사귀는 것이다. 그러나 그런 사람들이 내게 이런저런 형태로 해를 끼치려고 들지 않는 한, 나쁜 사람들을 사귀는 것에 어째서 위험이 있느냐고 물을 수도 있을 것이다.

그 물음에 대답하기 위해서는 인간관계 안에 있는 어떤 법칙을 인식하지 않으면 안 된다. 그 법칙은 "**사람들 간의 어떠한 접촉도 양쪽 모두에게 영향을 끼친다**"는 것이다. 이 두 사람 간의 모든 만남과 그들 간의 모든 대화는 아마 가장 우연히 이루어진 것 말고는, 둘 중의 어느 한쪽도 달라지지 않은 채로 남겨두지 않는다. 그런 만남들이 잦아질 때의 누진적인 효과에 의해서 말고는 알아볼 수가 없을 만큼 그 변화가 아주 미미하다고 할지라도 말이다.

어떤 우연한 만남 역시 상당한 영향을 미칠 수 있다. 살아오면서 잠깐 보았을 뿐 대화를 나눈 적도 없는 누군가의 얼굴에서 온정을 접해보지 않은 사람이 어디 있겠는가? 단지 한순간 접했을 뿐인데도, 정말로 사악하게 생긴 어떤 얼굴이 그 안에 만들어내는 공포감을 체험해보지 않은 사람이 어디 있겠는가? 그런 얼굴들, 그리고 그런 얼굴들이 자기에게 미쳤던 효과들을 오랜 세월 동안, 혹은 평생토록 기억하는 사람들이 많다. 누군가와 함께 있은 뒤에 기운이 나고, 더 생기가 돌고, 더 좋은 기분이 되고, 또는 어떤 경우에는 새로운 용기와 새로운 통찰력을 가지게 된 것— 그런 변화가 대화의 내용 때문이 아닌데도—을 느껴보지 않은 사람이 어디 있겠는가? 반면에 많은 사람들이 다른 누군가와 함께 있은 뒤에, 우울해지고, 피곤하고, 절망적인 상태가 되는—그런 반응을 대화 **내용 탓**으로 돌릴 수 없을 때에도—경험이 있을 것이다. 나는 여기서 누군가가 사랑하거나 흠모하거나 혹은 두려워하거나 하는 사람들이 미치는 영향력에 대해서 이야기하는 것이 아니다. **그런 사람들**이 그들의 마력에 걸려 있는 어떤 사람에게 그들이 하는 말과 행동으로 강한 영향력을 미칠 수 있음은 두말할 나위도 없는 사실이다. 그러나 내가 여기서 이야기하는 것은 그런 사람들에게 특별한 방식으로 얽혀 있지 않은 사람에게 미치는 영향력에 대해서이다.

이러한 모든 고찰들은 하찮은 나쁜 사귐을 철저히 피하는 것이 바람직하다는 결론으로 이어진다. 완전히 자기 주장을 내세우고 그리하여 상대방으로 하여금 그 자신의 처지를 의심하게 만들 수 있는 경우가 아닌 한 말이다.

나쁜 교제를 피할 수는 없으므로 속지 말아야 한다. 다정함의 가면 뒤에 가려진 불성실성, 불행에 대한 끝없는 하소연의 가면 뒤에 가려진 파괴성, 매력적인 모습 뒤에 가려진 자기 도취를 보아야만 한다. 또한 상대방의 속이기 쉬운 외양에 넘어간 것처럼 굴어서도 안 된다. 그것은 스스로가 어떤 부정한 짓에 꼼짝없이 휘말려드는 것을 피하기 위해서이다. 자기가 본 것들을 그들에게 이야기할 필요는 없겠지만, 그들에게 자신이 눈먼 사람이라는 확신이 들게 하려고 해서는 안 된다. 12세기의 위대한 유대인 철학자 모세스 마이모니데스Moses Maimonides는 나쁜 사귐의 영향을 알아차리고서 이런 격한 제안을 했다. "당신이 사악한 주민들이 있는 나라에 산다면 그들과 사귀는 것을 피하라. 그들이 당신에게 자기들과 어울릴 것을 강요한다면 그 나라를 떠나라. 설사 그것이 사막으로 가는 것을 뜻할지라도."

다른 사람들이 우리의 행동을 이해하지 못한다면, 그렇다고 한들 어떠랴? 우리에게 자기들이 이해하는 일들만 해달라는 그들의 요청은 우리를 지배하려는 시도이다. 그것이 그들의 눈에 "반사회적"이거나 "불합리한" 것으로 보인다면 그대로 놔두자. 대개 그들은 우리의 자유와 자기 자신이 되려고 하는 우리의 용기를 못마땅하게 생각하는 것이다. 우리의 행위가 그들을 해치거나 침해하는 것이 아닌 한, 우리는 아무에게도 설명 혹은 해명을 해야 할 필요가 없다. 그렇게 "설명"이 필요하다는 것 때문에 얼마나 많은 인생들이 망가졌던가. 설명이 필요하다는 것은 대개는 그 설명이 "이해되는", 다시 말하자면 인정되는 것이라야 한다는 뜻이다. 당신의 행동이 심판받도록 놔두라, 그리고 당신의 행동으로부터 당신의 진정한 의도가 심판받도록 놔두라. 그러나 자유로운 사람은 오직 자기 자신에게만—자신의 이성과 자신의 양심에게만―그리고 설명을 요구할 정당한 권리를 가진 몇 안 되는 사람들에게만 설명할 필요가 있다는 사실을 알라.

4

"무노력, 무고통"

존재의 기술을 배우는 것을 가로막는 또다른 장벽은 "무노력, 무고통No Effort, No Pain" 신조이다. 사람들은 모든 것을, 가장 힘든 일들까지도 노력 없이 혹은 작은 노력만으로 터득할 수 있어야 한다고 확신한다. 그런 신조는 길게 설명할 필요도 없을 만큼 널리 퍼져 있다.

우리의 전체 교육방법을 예로 들어보자. 우리는 젊은 사람들에게 교육을 받으라고 설득하고 사실상 애원을 한다. "자기 표현", "반反성취anti-achievement", "자유"라는 이름으로, 우리는 모든 학과들을 가능한 한 쉽고 즐거운 것으로 만든다. 유일한 예외들은 실제적인 성과를 목적으로 하고 "쉬운 수업들"로는 그 과목을 습득할 수 없는 자연과학들이다. 그러나 사회과학, 예술, 문학 과정들, 그리고 초등학교와 고등학교의 경우에는 똑같은 경향들이 있다. 쉽게 하고 편하게 하라! 부지런히 공부할 것을 고집하는 교수는 "권위주의적", 혹은 구식이라고 불린다.

오늘날의 이런 경향의 원인들을 찾아내기란 어렵지 않다. 기술자들, 그리고 서비스 산업에서 일하는, 중간 정도의 교육밖에 받지 못한 사람들을 고용해야 할 필요성이 커짐에 따라서 우리의 대학들이 공급하는 것 정도의 어설픈 지식을 가진 사람들이 요구되는 것이다. 두 번째로, 우리의 사회적 체제 전체가, 누구도 자기가 하는 일을 강요받아서 하지는 않으며 자기가 좋아서 한다는 허구적 믿음을 기초로 한다는 점이다. 이렇게 분명하게 드러나는 권위가 익명의 권위로 대체되는 현상은 생활의 모든 영역에서 나타난다. 강요는 동의로 위장되어 있고, 그 동의는 대중암시의 방법들이 가져오는 것이다. 결과적으로 공부 역시 강요받아서 하는 것이 아닌, 즐거운 것으로 느껴져야만 하고, 진지한 지식의 필요성이 아주 적은 분야들에서는 더더욱 그러하다.

노력하지 않고 배운다는 생각은 그밖에도 또다른 뿌리를 가지고 있다. 기술의 진보는 상품생산에 필요한 육체적 에너지의 양을 사실상 감소시켰다. 제1차 산업혁명에서 동물과 인간의 신체적 에너지는 기계의 기계적 에너지로 대체되었다. 제2차 산업혁명에서는 사고력과 기억력이 기계들로 대체되어 대형 컴퓨터까지 이르게 되었다. 사람들은 힘든 노동으로부터의 이런 해방을 현대적 "발전"이 가져다준 가장 큰 선물로서 체험하고 있다.

그리고 그것은 선물이기도 하다. 그렇게 해서 해방된 인간 에너지가 다른, 보다 고귀하고 창조적인 일들에 쓰이기만 한다면 말이다. 그러나 사정은 그렇지가 못하다. 기계로부터의 해방은 결과적으로 완전한 나태, 어떠한 실제적인 노력도 두려워하는 공포심으로 끝났다. **훌륭한 삶은 노력하지 않는 삶**이 되었다. 힘찬 노력을 해야 한다는 것은 말하자면 중세의 잔재로 여겨지고, 힘찬 노력을 하는 것은 자발적으로가 아니라 사실상 어쩔 수 없이 그럴 수밖에 없을 때뿐이다. 걷는 "노력"을 피하기 위해서 두 블록 떨어진 식료품점에 차를 몰고 가고, 상점 점원은 덧셈을 하는 정신적 수고를 덜기 위해서 계산기에 세 자리 숫자를 두드린다.

　무노력 신조와 연관된 것이 무고통 신조이다. 이것 역시 공포증적 속성을 가진다. 무슨 일이 있어도 육체적인, 그리고 특히 정신적인 고통과 괴로움을 피하려는 것이다. 현대적 진보의 시대는 인간을 고통 없는 삶이라는 약속의 땅으로 인도한다고 주장한다. 사실상 사람들에게는 고통에 대한 일종의 만성 공포증이 생겼다. 여기에서 말하는 고통이란 단지 육체적, 정신적 고통이 아니라, 그 말의 가장 넓은 의미에서의 고통을 가리킨다. 매일 몇 시간 동안 음계音階 연습을 하는 것, 재미있지 않지만 관심을 가진 지식을 습득하기 위해서 필요한 과목을 공부하는 것 또한 고통스러운 일이다. 여자친구를 만나고 싶고 혹은 그냥 산책을 하거나 친구들과 즐기고 싶을 때 앉아서 공부한다는 것은 고통스러운 일이다. 그러한 것들은 사실은 작은 고통들이다. 꼭 필요한 것들을 배우고자 한다면, 그리고 자신의 위계질서 내에 무엇이든 잘못된 것을 바로잡기를 원한다면, 유감스럽지만 그 고통들을 기분 좋게 짜증내지 않고 받아들이려는 마음이 되어야만 한다. 더 심한 고통과 관련해서는, 실로 행복하다는 것은 소수의 운명일 뿐이고 괴로움을 겪는 것이 만인의 운명이라고 말할 수밖에 없다. 인간들 간의 결속은 자기 자신의 고통을 만인의 고통과 더불어 나누는 체험에서 가장 든든한 기반들 중의 하나를 가지게 되는 것이다.

5

"반권위주의"

존재에 이르는 길을 가로막는 또다른 장애물은 **권위주의적이라**
고 여겨지는, 말하자면 개인에게 "강요되는" 모든 것들과 필요한
훈련을 두려워하는 공포증이다. 이 공포증은 의식적으로는 자
유, 완전한 결정의 자유에 대한 욕망으로 받아들여진다(장 폴 사
르트르는 그의 자유의 개념을 통해서 그러한 이상을 위한 철학적 합리화
를 마련해주었다). 그것은 많은 뿌리를 가진다. 첫 번째로는 사회
경제적 뿌리가 있다. 자본주의 경제는 방해나 제한을 받지 않고
살 수 있는 자유, 구속이 되는 아무런 도덕적 혹은 정치적 원칙
들—대체로 다른 사람들에게 고의적인 손해를 입히는 것을 막
는 데 도움이 되는, 명시적으로 법으로 정해진 것들을 제외하고
서—없이 행동할 수 있는 자유의 원칙에 기반을 두고 있다. 그
러나 부르주아 자유가 대체로 경제적 뿌리들을 가지기는 하지

만, 그러한 자유의 소망은 또한 강렬한 실존적 열정에도 뿌리를 두고 있다는 사실을 고려하지 않는 한, 우리는 그 자유의 소망이 가진 열렬한 특성을 이해할 수 없다. 그것은 다른 사람들의 목적을 위해서 이용되는 하나의 도구가 아니라 자기 자신이 되고자 하는 욕구이기도 하다.

자유에 대한 이 실존적 욕망은 서서히 억눌렸고, 자신의 재산을 보호하려는 욕망 속에서 자유에의 순수한 욕망은 하나의 이데올로기로 변했다. 그런데 지난 몇십 년 동안 역설적으로 보이는 어떤 사태가 불어닥쳤다. 서구 민주주의 국가들에서 권위주의가 상당히 감소했는데도, 그와 더불어 개인의 **실제적** 자유 또한 감소되었다는 점이다. 바뀐 것은 종속의 **사실**이 아니라 종속의 **형태**이다. 19세기에는 지배하는 자들―왕, 관리, 사제, 사장, 부모, 교사―이 분명하게 드러나는 직접적인 권위를 행사했다. 생산양식이 바뀌고 특히 기계들의 역할이 커지고, 근로와 저축의 관념이 소비라는 이상("행복")으로 바뀜에 따라서 어떤 사람에 대한, 분명하게 드러나는 개인적인 복종은 **조직**―끝이 없는 공장 벨트, 거대기업들, 개인에게 그는 자유롭고, 모든 것이 그를 위해서 하는 일이며, 그가, 대중이 진짜 사장이라고 설득하는 당국자들 등―에 대한 순종으로 대체되었다. 그렇지만 다름 아닌 국가, 군대, 산업이 가진 거대권력과 관료제도의 규모 때문에, 그리고 사람이었던 상관들이 사람이 아닌 관료제도로 바뀌었기 때문에, 개인은 원래의 그보다도 더, 심지어 그전의 그보다도 더 무력해졌으나 그 무력함을 의식하지는 못하는 것이다.

개인적으로, 사회적으로 사람을 불안하게 만드는 그러한 인식에 대해서 스스로를 방어하려고 그는 이제 절대적이고 무제한적인 "개인적" 자유라는 이상을 세워놓았다. 그것이 명백히 드러난 것들 중의 하나가 성적 자유의 확립이다. 젊은 사람들과 중년인 그들의 부모 대부분이 똑같이 성관계라는 영역에서의 모든 구속들을 떨쳐버림으로써 그 자유의 이상을 실현하려고 해왔다. 물론 그것은 부분적으로는 아주 유익한 과정이었다. 2,000년간의 종교적 명예훼손 끝에, 성적 욕망과 만족은 더 이상 죄악시되지 않게 되었고, 그리하여 끊임없는 죄의식과, 자진하여 새로운 굴종으로 그 죄를 속죄하고자 하는 태도는 줄어들었다. 그러나 "성적 혁명"의 역사적 의미를 마땅히 이해함에도 불구하고, 성적 혁명의 어떤 다른, 덜 좋은 "부작용들"을 간과해서는 안 된다. 그것은 **의지**의 자유가 아니라 **변덕**의 자유를 확립하려고 했다.

둘 사이에 어떤 차이가 있는가? 변덕은 그 사람의 성품 전체와의 구조적 연관 없이 그리고 그 자체의 목표 없이, 자연발생적으로 나타나는 모든 욕망을 말한다(어린아이들에게는 그것이 정상적인 행동양식의 일부이다). 오늘날 욕망은—그 자체가 아주 잠시 스쳐가는 것, 혹은 불합리한 것이라고 할지라도—그것이 실현

되기를 요구한다. 그것을 무시하거나 미루면, 자신의 자유에 대한 침해를 체험하게 된다. 한 남자가 우연히 한 여자를 만나고 얼마간의 시간이 있고 심심하다면, 그 남자는 쉽게 그 여자와 함께 자는 생각을 해볼 수 있다. 그런 생각이 일단 마음의 화면에 나타나면 그는 그것에 따라서 행동하기로 결정한다. 그것은 반드시 그 여자가 특별히 그의 마음을 끌거나 아니면 그의 성적 욕구가 너무도 강하기 때문이 아니고, 그가 하나의 바람으로 생각했던 것까지도 해치워버리고자 하는 강박관념적 욕구 때문이다. 또 예를 들면, 외톨이인 외로운 한 젊은이가 거리를 걷다가 갑자기, 지나쳐가던 젊은 간호사를 찌르면 재미있을 것이라는 생각을 하고, 그 여자를 찔러 죽인다. 이것들은 단지 사람들이 변덕을 좇는 몇 가지 사례들에 불과한 것이 아니다. 첫 번째의 행위가 정사이고, 두 번째가 살인이라는 것은 물론 중요한 차이이다. 그러나 그들의 공통점은 변덕이라는 특성이다. 이 양극 사이의 실례들은 무수히 많고, 그래서 누구든 혼자서도 그것들을 발견할 수 있을 것이다.

무엇이 변덕인가 하는 일반적인 판단 기준은 그것이 "왜?"라는 물음이 아니라, "왜 안 돼?"라는 물음에 응한다는 것이다. 행동을 꼼꼼히 관찰하는 사람이라면 분명히 사람들이 이런 일 저런 일을 하고 싶은가 하는 질문을 받았을 때 "왜 안 돼?"라는 말로 대답을 시작하는 것을 이상하리만큼 자주 발견했을 것이다.

"왜 안 돼?"는 그것을 할 이유가 있기 때문이 아니라 단지 그것을 하지 않을 이유가 없기 때문에 어떤 일을 한다는 것을 의미한다. 변덕을 따른다는 것은, 사실은 깊은 내면적 수동성이 따분함을 피하고자 하는 바람과 뒤섞인 것이다. 의지는 능동성을 기반으로 하고 변덕은 수동성을 기반으로 한다.

개인적 자유라는 허구가 실연實演되는 가장 중요한 곳은 소비의 영역이다. 고객은 슈퍼마켓과 자동차 시장의 왕이다. 각 상품마다 많은 상표들이 고객의 마음에 들기 위해서 다툰다. 그 상표들은 몇 달 전부터 텔레비전 화면에서 고객을 유혹하려고 애써왔고, 그리하여 고객이 구매하게 될 때 그는 완전한 자유 속에서 A, B, C의 가루비누들—그 모두가 정당후보들이 선거일 전에 그러는 것처럼 고객에게 뽑아주기를 간청한다—가운데서 스스로 선택을 하는 유력자가 된 것처럼 보인다. 고객-왕은 자기에게 제공되는 것들에 대해서 자신이 아무런 영향력도 가지고 있지 않다는 것을, 그리고 그 서로 다른 상표들은 본질적으로는 똑같고 심지어 때로는 같은 회사에서 제조되기도 하므로 소위 선택이라는 것이 "선택"이 아니라는 사실을 알아차리지 못한다.

한 가지 일반적인 심리학적 법칙을 공식화시킬 수 있다. 즉 무력감이 커질수록 그리고 진정한 의지의 결여가 커질수록, 굴종이 더 커지거나 아니면 변덕을 만족시키고자 하는 강박관념적인 욕망과 모든 것이 자기 마음대로라는 주장이 더 강해진다는 것이다.

요약을 해보자. 자기 마음대로 한다는 강박관념을 위한 주된 합리화는 반권위주의의 개념이다. 물론 반권위주의에 대한 투쟁은 커다란 긍정적 의미를 가졌고, 지금도 그러하다. 그러나 반권위주의는 자기 도취적인 방종과 줄어들지 않는 쾌락을 좇는 어린아이 같은 방탕한 생활을 위한 하나의 합리화가 될 수 있고 또 그래왔다. 그러한 방탕한 생활 속에서는 허버트 마르쿠제Herbert Marcuse에 따르면, 성기性器를 통한 성생활 위주의 생활이 되는 것도 권위주의적인 것이다. 그것은 전성기 시기적前性器 時期的―즉 항문적―변태의 자유를 제한하기 때문이다. 마지막으로, 권위주의에 대한 두려움은 일종의 광기, 현실로부터 도피하고자 하는 욕망을 합리화시키는 데 기여한다. 현실은 인간에게 자신의 법칙을 부과한다. 그 법칙들을 피할 수 있는 것은 꿈속에서, 혹은 무아경의 상태에서, 혹은 미쳐버린 상태에서나 가능하다.

제 3 부

우리는 거리를 원하고, 함께 살고 함께 일하고
안정감을 느끼는 데에 필요한 만큼만 서로에 대해서 알기를 원한다.
그런 까닭에 표면을 아는 것은 바람직하지만
집중해서 얻는 지식은 마음을 불안하게 만드는 것이다.

6

"한 가지만 바라기"

존재의 기술을 포함해서, 어떠한 분야에서든 평범한 성적 이상을 올리기 위한 첫 번째 조건은 **한 가지만 바라는 것***이다. 한 가지만 바란다는 것은 한 가지 결심을 할 것, 한 가지 목적에 전념할 것을 전제조건으로 한다. 그것은 그 사람의 전부가 그가 결정을 내린 그 한 가지에 맞추어지고 바쳐진다는 것을 의미하고, 그의 모든 에너지가 그 선택된 목적지의 방향으로 흘러간다는 것을 의미한다.

에너지들이 서로 다른 방향들로 쪼개지면 한 가지 목적을 성취하기 위해서 줄어든 에너지로 싸우게 될 뿐만 아니라, 에너지

---

* 키르케고르, 『마음의 순결과 한 가지만 바라기 : 고해식을 위한 영적 준비(*Purity of Heart, Is to Will One Thing : Spiritual Preparation for the Office of Confession*)』(Harper and Brothers, 뉴욕, 1938) 참조.

들의 분산이 끊임없는 갈등들을 불러일으키므로 어느 방향으로든 에너지들을 약화시키는 결과가 된다.

강박관념적 노이로제가 적절한 실례가 된다. 이것을 해야 할까 그 반대의 것을 해야 할까 의심하고 있는 사람, 자기 삶에서 가장 중요한 사람들에 대한 태도가 지극히 양면적인 사람의 의지는 어떤 결정을 내릴 때, 또는 철저하게 행동으로 옮길 때에 완전히 마비될 수가 있다. 목표들이 그렇게 엄격하게 상반되지 않는 "정상적인" 경우에는 보다 적은 양의 에너지가 소비된다. 그렇기는 하지만 어떤 목적이든 그것을 달성하는 능력은 크게 줄어든다. 그 목적이 무엇인가는—물질적인 것이든 정신적인 것이든, 도덕적인 것이든 비도덕적인 것이든—사실상 아무런 문제가 되지 않는다. 자기가 하는 일을 뛰어나게 혹은 유능하게까지 하기를 원한다면, 은행 강도는 과학자 혹은 바이올리니스트가 그러는 것만큼 한 가지만 바라야 할 필요가 있다. 반쯤밖에 열의가 없을 때 은행 강도는 감옥으로 가게 되고 과학자와 바이올리니스트는 각기 보람 없는 따분한 대학교수가 되거나 2급 오케스트라 단원이 된다. 물론 아마추어 상태를 열망하는 것이라면 문제는 다르다. 은행 강도는 곤란에 빠지고, 과학자는 쉽게 좌절감을 느끼게 되겠지만, 아마추어 바이올리니스트는 탁월함을 성취하기를 기대하지 않는다면, 자신이 하는 활동의 내재적 가치를 위해서 그 활동을 철저히 즐길 것이다.

사람들 내부에서 여러 목적들의 풀리지 않는 모순들이 자주 일어나는 것을 쉽게 관찰할 수 있다. 부분적으로, 그 모순들은 자신의 구성원들에게 반대되는 기준들을 제공하는 우리 문명의 갈라진 틈으로부터 생긴다. 기독교적 박애와 이타주의, 그리고 부르주아적 무관심과 이기심이 그러한 것들이다. 대부분의 사람들이 사실상 이기심의 기준을 택하는 반면, 그럼에도 불구하고 꽤 많은 사람들이 여전히 예부터의 기준에 영향을 받는다. 그러나 그것 때문에 다른 생활 처세로 이끌릴 만큼 강렬한 영향을 받지는 않는다.

현대의 산업사회에서는 온 마음으로 일을 할 기회가 크게 줄어들었다. 사실 만약 끝이 없는 공장 벨트 앞에 선 노동자가, 서류들을 채워넣는 관리가, 거리 청소부가, 혹은 우체국 창구에서 우표를 파는 남자가 온 마음으로 한결같은 의지로 그 일을 하려고 한다면, 그는 미쳐버릴 위험이 있다. 그리하여 그는 될 수 있는 한 그 일로부터 초연해져서 자기 마음을 온갖 종류의 생각들, 백일몽들, 혹은 무無에 전념시키려고 애쓴다. 그러나 탁월한 발전을 할 수 있는 직업들이 아직 많이 있다. 몇 가지 예를 들면, 과학자, 의사, 예술가, 심지어 업무 내용이 재미있는 어떤 비서직 혹은 간호사, 버스 운전사, 편집자, 파일럿, 목수 일 등이 그러하다. 그러나 작업의 기계화, 일률화가 증가함에 따라서 그러한 가능성들은 점점 더 줄어들 것이다.

우선 육체노동은 물론 사무직까지도 지금처럼 자동화되고 일률화될 필요는 없다. 최근의 많은 실험들이 보여주는 것처럼, 일하는 사람이 스스로 기계를 움직이는 방법을 결정하고 그럼으로써 더 이상 한두 가지의 기계적인 동작을 반복하는 일로 행동 범위를 좁히지 않도록 지나친 전문화 과정을 후퇴시키고 생산 방식들을 바꿈으로써, 작업의 단조로움을 줄이고 어느 정도의 관심과 역량의 가능성을 만들어낼 수 있다. 그렇지만 어떤 종류의 산업적 대량생산에서든, 관심의 발전과 탁월함을 얻으려는 노력을 작업이 어느 정도까지 허용하느냐에 따라서 여러 한계들이 있다.

일의 **기술적** 측면이 아니라 **사회적** 측면에 관해서 이야기할 때에는 문제가 전혀 다르다. 자동차 공장의 작업에서부터 어느 연구소의 작업에 이르기까지의 거의 모든 일들이 공동작업인 오늘날에는 그것이 더욱 분명하게 드러난다. 모든 사람들이 갖가지 방식으로 그리고 다양하게 사람과 사람 사이의 관계들의 그물망 안에서 그 일부가 된다. 내가 살고 있는 사회적 상황이 나 자신의 삶의 일부가 되고, 사회적 상황이 내게 영향을 미치는 것처럼 내가 사회적 상황에 영향을 미친다. 한 산업체에서 일하는 블루 칼라와 화이트 칼라 노동자들이 혹은 한 병원에서 일하는 간호사들과 피고용자들이 더 이상 "고용되지" 않고 자기들 스스로 그 단체를 운영하는 데 참가할 수 있다면, 그들이 같은 단체

에서 일하는 모든 사람들과 함께 어떤 공동체를 세울 수 있다면,
그들은 조직의 합리성과 인간관계들의 질質에 의해서 탁월함을
성취할 수 있는 일련의 과업을 가지게 될 것이다. 그러한 생산적
인 작업 속에서 사람들은 각기 자신의 삶에 관해서도 생산적인
일을 할 수 있을 것이다.*

하나의 사회적 조직체로서의 일터 외에도, 전체로서의 사회의
최적의 조직은 모든 사람들에게 온 마음을 기울여 기여할 수 있
는 가능성을 부여한다. 더구나 그것을 성취하려면, 사회와 그 정
치적 대표자들과 국가는 더 이상 시민들 위에 그리고 시민들에
게 적대적으로 군림하는 권력들이 되지 않아야 하며, 그 권력들
은 개인의 작업이 만들어내는 것이 되어야 할 필요가 있다. 소외
의 현단계에서 그것은 전혀 불가능하다. 인간화된 사회에서는
개인 자신의 삶 외에도, 그 사회 자체가 인간의 가장 중요한 작
업 실체가 되며, 그 둘 모두의 목적이 일치한다.

---

* 에리히 프롬, 『건전한 사회(*The Sane Society*)』(Rinehart & Co., 뉴욕, 1955)에서, 이 점에
관한 보다 긴 논의를 참조하라.

7

깨어 있기

오늘날 의식상태를 바꾸고 확대하는 새로운 방법들을 찾는 사람들은 많은 이야기들을 한다. 의식상태를 바꾸고 확대한다는 말은 대체로 세상을 새로운 조명으로, 특히 색채와 형태가 훨씬 더 강렬하게 나타나는 어떤 물질적인 감각으로, 그리고 완전히 독창적인 형식으로 본다는 것을 의미한다. 그러한 변화된 의식 상태에 도달하기 위해서 다양한 방법들이 권장되는데, 여러 가지 강도의 마약들과 자기 힘으로 유발시키는 무아경 상태들이 주된 것들이다. 그러한 변화된 의식상태가 일어날 수 있다는 것을 아무도 부인할 수는 없지만, 그런 상태들에 대해서 열광적인 사람들 치고, 그의 존재의 정상적 상태에서는 정상적으로 발달 된 의식상태에 다다르지도 못하면서 어째서 자기 의식을 변화시키고 싶어하는가 하는 문제를 제기하는 사람은 별로 없는 것

같다. 사실은 변화된 의식상태에 열렬히 도달하고 싶어하는 사람들의 대부분은 커피 또는 술이나 마시며 담배나 피울 뿐인 그들의 동료들보다 더 발전된 의식상태에 있는 것이 아니다. 확대된 의식의 상태들은 좁은 의식으로부터의 도피처이고, 그 "여행" 뒤에 그들은 그전의 상태로부터, 그리고 그들의 동료들—반쯤 깨어 있는 사람들—이 줄곧 있어왔던 상태로부터 달라지는 것이 아무것도 없다.

"반쯤 깨어 있다"는 이 말은 약간의 설명을 필요로 한다. 대부분의 사람들이 보통 가지는 정신상태를 가리키기 위해서 내가 그 말을 끌어들인 까닭에 특히 그러하다. 우리는 자신이 잠들어 있는지 깨어 있는지 분간이 되면 자기가 든든한 상태에 있는 것으로 믿고 있고, 어느 정도까지는 그러하다. 두 상태 사이에는 분명한 생리학적—즉 화학적, 전기적電氣的—차이들이 있다. 정신생물학적 입장에서 보면 그 차이는 이렇게 설명될 수 있다. 깨어 있는 상태에서 완전한 인간은 먹을 것과 잘 곳, 그리고 사는 데 필요한 다른 것들을 마련하고, 위험에 대처하여 자기 자신을 보호하는—주로 싸우거나 아니면 달아남으로써, 아니면 인간의 경우에는 똑같이 위험한 양쪽 방법들을 피하는 어떤 절충안을 협의함으로써—기능을 수행한다. 잠자는 상태에서 인간은 생존을 위한 노력들을 해야만 하는 기능으로부터 해방된다. 그는 일할 필요가 없고, 다만 생소한 소음 같은 비상사태를 알리는 신호들만이 자기 방어를 하도록 그를 깨운다. 그는 내면으로 향해 있고, 자기 자신에게 보내는 메시지들을 만들어낼 수 있고, 자신의 소망, 자신의 두려움, 그리고 자신과 다른 사람들에 대한 깊은 통찰—이런 통찰들은 그가 깨어 있을 때 자신에게 밀려오는 상식의 목소리들과 환상들에 취해 있지 않다는 사실에 의해서 가능해진다—을 스스로 표현하는 연극들을 창작하고 감독하고 연기할 수 있다.*

역설적인 이야기이지만, 사실 우리는 잠들어 있지 않을 때보다 잠들어 있을 때에 더욱 깨어 있는 것이다. 우리의 꿈들이 흔히 우리의 창조적 활동을 증명하고, 우리의 백일몽은 우리의 나태함을 증명한다. 그렇지만 자는 상태와 깨어 있는 상태는 분화되지 않은 두 실재물이 아니다. 각 상태마다 많은 하위 상태들이 있다. 가벼운 잠에서 깊은 잠에 이르기까지의 하위 상태들—우리가 꿈을 꾸는 상태들(우리의 눈이 움직이기 때문에 관찰자가 알아볼 수 있고, 기술적으로는 렘REM 수면이라고 불리는)과 꿈을 꾸지 않는 상태들—이 있는 것이다.

깨어 있는 상태에서도 분명한 구분들이 존재한다는 것 역시 알려진 사실이다. 그러한 것들은 뇌가 방출하는 성질이 다른 전파를 분석하는 방법들을 통해서 연구되어왔다. 이 분야에서의

* 에리히 프롬, 『잊혀진 언어(The Forgotten Language)』(Rinehart & Co., 뉴욕, 1951)의 보다 자세한 분석을 참조하라.

우리의 과학적 지식은 아직 초보적인 것이지만, 경험적인 자기 관찰은 우리가 아직 좀더 정확한 방법으로 얻지 못한 많은 자료들을 우리에게 제공할 수 있다. 어떤 둔한 상태 혹은 무심한 상태와 대조를 이루는 빈틈없는 상태, 탁 트여 있는 상태, 마음이 약동하는 상태들의 차이들을 누구나 알아차릴 수 있다. 동시에 그 두 상태가 아주 재빠르게 서로 뒤이어질 수 있고, 그래서 잠을 충분히 자지 않았다거나 혹은 "그냥 피곤해서"라는 보통의 해명은 배제될 수 있다는 것 또한 일반적으로 경험하는 일이다. 어떤 요인들이 "피곤한" 상태를 굉장히 빈틈없는 상태로 변화시키는가를 분석한다는 것은 흥미 있는 일이다.

가장 분명하게 드러나는 실례는 사람들의 영향력을 보여주는 것들이다. 자기 사무실에 앉아서 날마다 하는 틀에 박힌 일을 정확하게, 그러나 열의 없이, 그저 자기 일을 제대로 하기에 충분할 만큼만 집중해서 하던 바로 그 사람이 사무실을 나와 자기가 사랑하는 여자를 만난다. 그러면 그는 갑자기 다른 사람—주의 깊고, 재치 있고, 매력적이고, 생기가 가득하고, 기운 찬—이 된다. 그는 반쯤 잠들어 있다가 활짝 깨어났다고 말할 수 있다. 혹은 반대의 경우를 보자. 결혼한 남자가 흥미 있는 일에 푹 빠져 있으면 그는 대단히 빈틈없고 깨어 있는 상태일 수 있다. 그런데 그가 집으로 돌아오면, 그는 완전히 바뀐다. 그는 따분해지고, 반쯤 조는 상태가 되어, 텔레비전을 보거나 술을 한잔 마시고 싶어한다. 그것으로 기운이 나기를 바라면서. 그것이 실패로 돌아가면 아내와의 조금 산만한 대화가 이어지고, 그 다음에는 텔레비전을 좀더 보고, 그리고 하루가 끝났을 때 안도의 한숨—때때로 그 절정을 이루는 것이 약간의 피곤한 섹스이다—을 내쉰다 (이것은 물론 사람들이 오래 전에 사랑하기를 그친—그들이 행여 사랑한 적이 있었다면—"피곤한 결혼"의 경우에만 일어나는 일이다).

다른 동기들 또한 깨어 있는 상태를 고양시킨다. 어떤 위험이라든가, 이기거나 파괴하거나 정복할 수 있는 기회라든가, 혹은 기운나게 해줄 수 있는 열정들 중 어느 것이라도 만족시킬 수 있는 기회 등이 그러한 것들이다. "내게 당신을 깨워 일으키는 것이 무엇인지 이야기해보라, 그러면 나는 당신이 어떤 사람인지 알게 될 것이다"라고 말한다고 해도 틀림이 없다.

그렇지만 완전히 깨어 있는 상태의 질質이 그런 결과를 만들어 주는 자극과는 무관한 것이라고 생각한다면 그것은 잘못이다. 어떤 위험이 있을 때 완전히 깬 상태가 되는 사람은 그 위협에 따라다니는 모든 요소들에 주로 주의를 기울이게 된다. 도박에서 딸 기회를 얻으면 생기가 도는 남자는 자신의 도박 중독에 대한 부인의 고민을 계속 전혀 알아차리지 못할 수 있다. 좀더 일반적으로 말하자면, 우리는 중대한 필요성을 가진 일(작업을 한다거나 자신의 중대한 이익을 보호한다거나) 혹은 열렬한 목적(돈을 추구하는 것과 같은)이 요구하는 방식으로, 그리고 그 요구의 정도에 따라서 주의 깊게 깨어 있는 상태로 변하는 것이다. 이렇게 부분적으로, 그리고 말하자면 실용적으로, 주의 깊게 깨어 있는 상태는 총체적으로 깨어 있는 상태와는 다른 것이다. 총체적으로 깨어 있는 상태에서는 생존하기 위해서 혹은 열렬한 목적들을 이루기 위해서 알아차려야 할 필요가 있는 것들을 알아차리게 될 뿐만 아니라, 자기 자신과 자신을 둘러싼 세계(사람들과 자연)에 대해서도 알아차리게 된다. 흐릿하게가 아니라 분명하게, 겉과 그 속을 모두 함께 보게 되는 것이다. 세계는 완전히 실체를 가진 것으로 변한다. 모든 자질구레한 것들이, 그리고 그것들의 배치 형태와 구조 속에 들어 있는 세부적인 것들이 하나의 의미 있는 단일체로 변한다. 마치 어떤 베일이 우리의 눈앞에 영원히 드리워져—거기 있는 줄도 모르게—있다가 갑자기 치워진 것 같은 느낌을 가지게 된다.

다음에 이야기할 것은 깨어 있음의 한 실례인데, 모든 사람들이 다 체험했을 것이다. 우리는 어느 한 사람의 얼굴을 여러 번 보아왔고, 그 사람은 친척, 친구, 아는 사람, 혹은 직장 동료일 수 있다. 어느날, 우리가 흔히 이해하지 못하는 어떤 이유들로 인해서 우리는 갑자기 그 사람의 얼굴을 완전히 새로운 방식으로 보게 된다. 마치 그의 얼굴이 새로운 중요성을 띠게 된 것 같다. 그 얼굴은 우리에게 완전히 살아 있는(이런 경우라면 그 얼굴에 생기가 없을 때조차도) 것이 되고 우리는 지극히 분명하게, 직접적으로, 실체적으로 보게 된다. 우리는 그 얼굴에서 그가 가진 "문제들"이나 그의 과거, 우리를 논리적인 생각으로 이끄는 것들이 아니라 단지 그의 "그다움" 속에 있는 그만을 보는 것이다. 그는 사악하거나 친절할 수 있고 강하거나 약할 수도 있고, 난폭하거나 섬세할 수(혹은 그 모든 요소들이 뒤섞여 있거나) 있지만, 그는 우리에게 그가 되었고, 그의 얼굴은 우리 마음속에 남아 있게 된다. 우리는 그를, 그가 전에 우리에게 보였던 것처럼 무심하고, 흐릿하고, 먼 모습으로 생각할 수가 없다. 물론 그를 그토록 잘 드러나게 해주게 된 것이 반드시 얼굴일 필요는 없다. 많은 사람들의 경우, 손, 몸매, 몸짓과 동작들이 얼굴과 똑같은 중요한 의미를 가지고, 혹은 얼굴보다 더욱 중요하다.

두 사람이 서로를 바라보고 서로를 자각한다. 그들은 서로를, 그들만의 독자적인 그다운 상태 속에서 보며, 거기에는 아무런 장벽도, 아무런 안개도 없다. 그들은 가장 깨어 있는 상태에서 본다. 직접적이고 장애물 없는 이런 자각의 과정에서, 그들은 서로에 대해서 **생각하지** 않으며, 심리학적 질문들을 제기하지 않고, 그 사람이 어떻게 해서 현재의 그가 되었는가, 그가 어떻게 발전되어갈 것인가, 그가 선한가 악한가를 묻지 않는다. 그들은 다만 자각할 뿐이다. 나중에 정말로 그들은 서로에 대해서 **생각할** 수도 있고, 분석하고, 평가하고, 정리할 수도 있다. 그러나 그들이 자각하는 동안에 생각을 한다면, 그 자각에는 어려움이 있을 것이다.

8

자각하기

일반적으로 "자각하다to be aware", "알다to know", "의식하다to be conscious"라는 단어들은 동의어들로 간주된다. 그러나 "자각하다"의 어원론적 뿌리는 다른 두 단어들과 차이를 보인다. aware의 어원은(독일어의 gewahr처럼) 그 단어의 영어사와 독일어사에서 "유의" 혹은 "유념"(독일어의 Aufmerksamkeit)이라는 의미를 가진다. 그것은 보통 무엇인가를 알아차리는, 혹은 알아차리게 된다는 뜻으로 해석된다. 이것은 단순히 의식한다는 것, 안다는 것 이상을 의미한다. 그것은 아주 분명하지 않은 어떤 것, 혹은 기대하지도 않았던 어떤 것을 발견한다는 뜻을 가진다. 다른 말로 하면, 자각한다는 것은 면밀한 주의력을 가진 상태에서 안다는 것 혹은 의식한다는 것이다.

자각의 다른 의미들을 생각해보기로 하자. 자각은 자신의 몸이나 자신의 정신적 상태(즉 자신의 기분과 심정)와 관련이 될 수 있다.

육체적 자각의 간단한 실례는 자신의 호흡을 의식하게 되는 것이다. 물론 우리는 우리가 호흡하고 있다는 것을 알지만, 그것은 호흡의 실제, 즉 숨을 들이마시고 내쉬는 것, 혹은 복부의 움직임을 관찰함으로써 증명될 수 있는 지적인 앎이다. 그러나 우리가 호흡한다는 것을 안다는 것은 숨쉬는 행위를 자각하는 것과는 전혀 다른 것이다. 간단한 실험을 해봄으로써 누구든지 그차이를 알아차릴 수 있다. 느긋한—말하자면 웅크리지도 않고 뻣뻣하지도 않은—자세로 앉아, 눈을 감고서, 아무것도 생각하지 않고 다만 자신이 숨쉬는 것을 느끼려고 노력한다. 이것은 결코 말처럼 쉽지가 않다. 많은 생각들이 밀려들기 때문이다. 그리고 특히 처음에 몇 초가 지난 뒤 숨쉬고 있다는 것을 더 이상 자각하지 않게 되고 얼토당토않은 것들이기 일쑤인 수많은 것들에 대해서 생각하기 시작했음을 알아차리게 될 것이다. 숨쉬기에 집중하는 데 얼마만큼 성공했느냐 하는 그 정도만큼 숨쉬기의 과정을 자각하게 된다. 억지로 호흡을 하거나 호흡을 조절하려고 하지 말고, 어떠한 목적이나 목표도 아예 가지지 않고서, 숨쉬는 행위에 몰두한다. 그러면 그렇게 숨쉬는 것을 자각하는 것이 숨쉬는 것에 대해서 생각하는 것과 전혀 다른 것임을 발견하게 된다. 사실 그 두 방식은 각기 서로를 몰아낸다. 숨쉬기에

대해서 생각하자마자 숨쉬는 행위를 자각할 수 없게 된다.

역시 간단해서 누구든지 실험해볼 수 있는 또다른 실례는 다음과 같은 것이다.[*] 이번에도 역시 느긋한 자세를 취하고 두 눈을 감는다. 다리 위쪽에 두 손을 올려놓는다(유명한 아부 심벨 신전에 앉아 있는 이집트 파라오들의 좌상에 볼 수 있는 자세). 한쪽 팔을 45도 각도로 들어올리기로 마음먹는다. 보통 때에 두 눈을 뜨고서 이렇게 할 때에는 우리의 신경계통이 그것과 상응하는 근육들로 신호를 보내고 그러면 우리는 팔을 들어올린다. 우리는 즉각적으로 그 행동을 하고, 그 결과를 본다. 명령은 수행되고, 우리는 팔을 원래의 위치로 내리라는 명령을 내릴 수 있다. 팔의 움직임을 체험한 적이 있는가? 거의 없다. 팔은 하나의 도구이고, 인조 팔을 들어올리게 하는 버튼을 누르는 것과 별 차이가 없다. 과정이 아니라 결과가 중요시된다. 그러나 보통의 방식과는 반대로 그 움직임의 체험에 정신을 집중시키기를 원한다면, 그 움직임의 목적을 잊고 팔이 어떻게 움직이는가 차츰 느껴지기 시작할 정도로 팔을 아주 천천히 움직이려고 애써야 한다. 놓여 있던 자리에서 손바닥을 가만히 들어올리는 것으로부터, 그것이 "떠올라" 점점 더 위로 올라가다가 마침내 대략 계획했던 높이까지 도달한 뒤, 우리가 손을 아래로 움직여 손이 완전히 정

[*] 이 실례는 찰스 브룩스가 『감각적 자각 : 체험의 재발견(*Sensory Awareness : Rediscovery of Experiencing*)』(Viking, 뉴욕, 1974)에서 묘사한 "감각적 자각" 요법에서 따온 것이다.

지하게 되는 순간까지, 이 작은 훈련을 해보는 사람은 자신이 "움직임"의 목격자가 아니라, 움직이는 팔을 체험하는 것이라는 사실을 알게 될 것이다. 그는 또한 자신이 그 움직임을 자각하는 것에 너무도 열중해서 그것에 대해서 생각하거나 곱씹고 있지 않다는 점을 알아차릴 것이다. 그는 전이나 후에 그것에 대해서 생각하거나 곱씹어볼지도 모르지만, 자각하는 과정에서 생각은 쫓겨나고 만다.

똑같은 원칙이 "동법動法"(카트야 델라코바Katya Delakova가 가르친) 과 중국 전래의 운동인 태극권에도 존재한다(태극권은 "감각적 자각"의 요소들이 집중된 명상의 상태와 결합되어 있는 까닭에 특히 권장할 만한 훈련이다).[*]

우리의 기분과 심정에 대한 자각과 관련해서도, 자각과 생각 사이의 차이와 똑같은 차이가 존재한다. 만일 내가 기쁨, 사랑, 슬픔, 두려움 혹은 증오심을 느끼는 것을 자각한다면, 그것은 내가 느끼고 있으며 그 느낌이 억압받고 있지 않다는 것을 의미한다. 그것은 내가 나의 느낌에 대해서 생각하거나 **곱씹는** 것을 의미하지는 않는다. 또한 내가 느끼는 그것을 "나는 의식하고 있다"라고 말하는 것도 맞을 것이다. **의식하고 있는**conscious이라는 단어는, 라틴어 어원 **con** = with + **scire** = to know로부터 왔다. 즉

---

[*] 이것은 1940년대에 "감각적 자각"에 대해서 가르쳐준 샬럿 셀버와 지난 10년간 "동법(動法)"과 특히 태극권에 대해서 가르쳐준 카트야 델라코바 덕분에 알게 된 것이다.

앎에 참여하는, 혹은 "깨어 있는 정신적 능력들과 함께"라는 뜻이다. 의식한다는 것은 "자각한다"는 것과 비슷한 능동적 요소를 담고 있다. 독일어 쪽의 동의어인 Bewusstsein은 훨씬 더 풍부한 표현이다. 그것은 bewusstes Sein = 의식하는 존재이다(18세기까지 그것은 두 단어—bewusst Sein—로 된 철학적 언어로 사용되었다).

지금까지 내가 논한 것은 감추어지지 않은 것에 대한 자각이었다. 또다른 한 종류의 자각은 감추어진 것에 대한 자각이다. 감추어진 것에 대해서 자각하게 된다는 것은 무의식적인(억제된) 것을 의식하게 된다는 것과 똑같은 것이며, 혹은 억제된 것을 의식화한다는 것이다. 무의식적인 어떤 것이 의식화되어야 한다면 그것은 능동적인 노력을 필요로 한다. 그 같은 과정을 우리는 **드러내는** 혹은 **벗겨내는 자각**이라고 부를 수도 있을 것이다.

산업사회의 맨 마지막 단계가 시작될 무렵에 가장 광범위한 영향을 미친, 눈이 휘둥그레질 만한 두 가지 비판적 이론은 마르크스와 프로이트의 이론이었다.* 마르크스는 사회적-역사적 진행과정 내의 동력動力들과 갈등들을 보여주었고, 프로이트는 내적 갈등들의 비판적 폭로를 목표로 삼았다. 마르크스의 개념이 프로이트의 그것보다 더 포괄적이고 덜 시간에 얽매인 것이기

---

* 불교 역시 하나의 비판적 이론이다. 마르크시즘과 마찬가지로, 불교는 마르크스 이론들이 19세기에 그랬던 것처럼 수많은 사람들의 활동을 동원했기 때문이다(이것은 Z. 피서가 내게 그 유사점을 지적해준 덕분에 알게 된 것이다).

는 했지만, 둘 다 인간의 해방을 위한 작업이었다. 또한 이 두 이론 모두 얼마 안 가서 그 가장 중요한 특질―비판적이고 따라서 인간을 해방시키는 사상이라는 특질―을 잃어버리고 그것들의 "충실한" 신봉자들 중의 대다수에 의해서 이데올로기로 변하고, 그 저자들은 우상으로 변해버렸다는 똑같은 운명을 가졌다.

프로이트와 마르크스의 비판적 분석들을, 똑같은 하나의 관념을 서로 다른 두 차원에서 표현한 것으로 볼 수 있다는 사실은 한 근본적인 고찰에 근거한다.

자각은 내면적 갈등들을 벗기는 것뿐만 아니라 마찬가지로, 이데올로기들(사회적 합리화들)에 의해서 부정되고 화합을 이룬, 사회생활 내의 갈등들을 벗어버리는 것을 가리키기도 한다. 개인은 사회의 일부이고 사회적 바탕 밖에 있는 것으로 생각할 수 없으므로, 사회적 현실에 대한 환상들은 개인의 맑은 정신에 영향을 미치고 그리하여 또한 개인이 자신에 대한 환상들로부터 자신을 해방시키는 것을 가로막기도 한다. 볼 수 있는 능력과 보지 못한다는 것은 나누어질 수 있는 것이 아니다. 인간 정신의 비판적 능력은 하나이다. 내면은 볼 수 있지만 외부세계에 관한 한은 보지 못한다고 믿는 것은 한 양초의 불빛이 모든 방향이 아니라 한 방향으로만 비춘다고 말하는 것과 같다. 양초의 불빛은 비판적이고, 꿰뚫어보며, 벗어버리는 사고를 할 줄 아는 이성적 능력이다.

두 가지 질문이 제기될 수밖에 없다. 자각에 해방의 효과가 있는가, 있다면 어떻게 가능한가? 더 나아가 자각이 반드시 바람직한 것인가?

그것이 가능하다는 것은 의심할 여지가 없다. 전 역사에 걸쳐서, 인간이 환상들의 사슬을 풀고, 현상들의 뿌리까지, 그리하여 그 원인까지 꿰뚫어볼 수 있다는 사실을 보여주는 많은 실례들이 있다. 나는 여기서 "위대한 인간들"만이 아니라 수많은 보통 사람들에 대해서 말하고 있는데, 이유는 모르겠지만, 보통 사람들도 때때로 자기들의 눈을 가로막고 있는 환상들을 떨쳐버리고 보기 시작한다. 이것에 관해서는 뒤에 나오는 정신분석에 관한 논의에서 더 이야기할 것이다.

어째서 그것이 가능한가라는 질문에 대한 한 가지 대답은 다음과 같은 고찰에 있을 듯하다. 세계 속에서 한 인간의 위치가 가지는 힘은 그의 현실 파악력이 얼마나 충분한가에 달려 있다. 그 파악력이 부족할수록 그는 더 방향감각이 없어지고 그리하여 더 불안정해지고 그리하여 기대어 안정을 찾을 수 있는 우상들을 필요로 하게 된다. 현실 파악력이 충분하면 할수록, 그는 더욱 제 발로 설 수 있고 자기 내부에 있는 자신의 중심축을 가질 수 있다. 인간은 안타이오스(그리스 신화에 나오는 북아프리카의 거인/역주)와 같다. 안타이오스는 어머니 대지와 접촉함으로써 자신의 몸에 에너지를 가득 채우는데, 그러므로 적이 그를 죽이려면 오랫동안 허공에 들고 있어야만 한다.

눈먼 상태를 떨쳐버리는 것이 바람직한가 하는 문제는 그보다는 대답하기 어려운 질문이다. 숨겨진 갈등들을 꿰뚫어보는 것이 어떤 건설적인 해결책으로, 따라서 더 좋은 삶으로 이어질 수 있다면, 그것은 바람직하다는 것에 상당히 동의할 수 있을 것이다. 이것은 노동자 계급이 자기 자신의 조건들을 자각하게 될 경우 마르크스가 기대했던 것이기도 하다. 노동자 계급이 자신의 환상들을 없앤다면, 그들은 아무런 환상도 필요로 하지 않는 사회를 건설하게 될 것이다(그리고 이것은 이루어질 수 있다. 역사적 조건들이 성숙했기 때문이다). 프로이트는 의식 세력과 무의식 세력 사이의 숨겨진 갈등들을 꿰뚫어볼 수 있다면, 결과적으로 신경증이 치유될 것이라고 믿었다.

그러나 그 갈등이 해결될 수 없는 것이라면 어떠할까? 현실 생활 속에서 인간 자신의 해방에 도움이 되지 않는 고통스러운 진실보다는 환상을 품고 사는 편이 더 낫지 않을까? 마르크스와 프로이트가 믿었던 대로 종교의 가르침들이 하나의 환상이라면 그것은 인간이 어떻게든 살아갈 수 있게 하기 위해서 필요한 환상이 아닐까? 그 환상을 포기하고 보다 인간적인 사회질서와 더 큰 개인적인 행복을 위한 기회를 전혀 보지 못하고 절망만을 체험한다면 그 사람은 어떻게 될 것인가? 아니면 어떤 사디스트적인, 강박관념을 가진 사람이 자신의 괴로움들의 근원을 알아차

렸는데, 그럼에도 불구하고 그것을 바꾸어놓을 수 없다는 사실도 알게 되었다면 그 사람은 여전히 보지 못하는 상태로, 자신이 합리화한 것들을 계속 믿고 있는 것이 더 낫지 않을까?

누가 감히 이런 질문들에 대답할 수 있겠는가? 얼핏 보면 어떤 사람이든 불필요하게 고통을 겪게 하고 싶지 않기 때문에 그 사람이 환상들로부터 해방되기를 원하지 않는다는 것이 충분히 타당해 보인다. 그러나 나는 그러한 대답에 대해서 조금 우려스럽다. 그것은 어떤 환자에게 죽을병이라는 사실을 말해야만 하는가 하는 문제와 똑같은 것이 아닐까? 그 환자에게서 그가 자신의 삶을 직시하고, 지금까지 동원하지 못했던 내적 힘들을 모두 끌어모아 두려움을 넘어서 안정과 힘을 가진 상태로 올라설 수 있는 마지막 가능성을 빼앗아버리는 것이 아닐까? 후자의 질문에 대해서는 자주 논의되어왔다. 내가 보기에 가장 관심 있는 관찰자들이라면 독단적으로 이쪽 아니면 저쪽 해결책을 택하기를 거부할 것이다. 그런 사람들은 그것은 그 죽어가는 사람의 사람됨에 따라서 달라지며, 그 사람 내면의 실제적인 그리고 잠재적인 힘을 가늠하고 흔히 털어놓지 않는 마음속 가장 깊은 바람을 이해하려고 노력해본 뒤에야 판단을 내릴 수 있다는 것에 동의하리라. 그것이 반드시 "그에게 최고"라는 독단적인 믿음에서 그에게 진실을 강요한다는 것은 내게는 비인간적으로 보인다.

갈등과 환상 전반의 문제에서도 그와 비슷한 추론이 옳아 보인다. 우선 그 질문은 부분적으로는 순전히 추상적인 것이고, 따라서 잘못된 질문이다. 긍정적인 해결책 없이 환상이 깨지는 것을 견디지 못하는 사회계급들뿐만 아니라 대부분의 개인들은 비판적인 사상가가 천사의 목소리로 이야기한다고 할지라도 도대체 들으려고 하거나 이해하려고 들지 않을 것이며, 환상을 깨버리는 분석에 분명히 동의하지 않을 것이다. 사회생활과 개인생활에서 그러한 저항력을 보여주는 실례들은 무수히 많고 그러므로 어느 사례도 인용할 필요가 없다. 그러나 저항력이 그렇게 엄청나지 않은 사람들의 경우에는 어떨까? 그들의 환상을 간직하고 있는 것이 반드시 더 나을까?

이 질문에 대답하기 위해서 우리는 진실을 자각하는 것은 해방의 힘이 있다는 사실을 상기해야만 한다. 진실의 자각은 힘이 나게 하고 정신을 맑게 해준다. 결과적으로 그 사람은 더욱 독립적인 사람이 되고, 내부에 자기 중심을 가지게 되며, 더욱 생기 있어진다. 그는 현실의 그 무엇도 바꿀 수가 없다는 것을 완전히 깨닫게 되겠지만, 그는 한 마리 양으로서가 아니라 한 인간으로서 살고 죽을 수 있게 된다. 고통의 회피와 최대의 위안이 최고의 가치라면 정말로 환상이 진실보다 더 나을 것이다. 반면에 역사 속의 어느 시대에든 모든 사람들이 완전한 인간이 될 수 있는 잠재력을 가지고 태어나며, 더 나아가 죽음으로써 그 사람에게 주어진 한 번의 기회가 끝난다는 생각을 해보면, 환상을 떨쳐버리고 최고의 개인적 성취를 얻는다는 것의 개인적 가치란 대단한 것이다. 게다가 개개인이 더 많은 것을 보게 될수록 그들이 변화들—사회적, 개인적 변화들—을 만들—흔히 그러는 대로 그들의 정신과 용기와 의지가 쇠퇴됨으로써 변화의 기회들이 사라져버릴 때까지 기다리기보다는 가능한 한 이른 시점에서— 가능성이 더 높아진다.

이 모든 고찰들로부터 나오는 결론은 우리를 고양된 자각— 그리고 정신과 관련된 것으로는 비판적이고, 탐구적인 사고— 으로 이끌며, 그것을 위한 우리의 능력을 높여주는 것이라면 무엇이든지 존재의 기술을 배우는 데에 가장 중요한 수단이 된다는 사실이다. 이것은 일차적으로 지적 능력, 교육, 연령이 문제되는 것이 아니다. 이것은 본질적으로 성향의 문제이고 좀더 구체적으로 말하자면, 불합리한 권위들과 자신이 만들어냈던 온갖 종류의 우상들로부터 벗어나고자 하는 개인적인 독립심이 어느 정도인가 하는 문제이다.

이보다 큰 독립심을 어떻게 얻을 수 있을까? 여기서 말할 수 있는 것은 이것뿐이다. 일단 불복종의 결정적 중요성을 자각하면(여기서 내가 말하는 의미는 내면적 불복종이지 꼭 순전히 도전적이고 독단적인 반항은 아니다), 복종의 작은 징후들에 아주 민감해지고, 그것을 정당화하는 합리화를 꿰뚫어보게 되고, 용기를 발휘하고, 일단 문제점과 그 핵심적인 의미가 인식되면, 혼자 힘으로 그 문제에 대한 많은 대답들을 발견할 수 있다는 사실을 발견하게 될 것이다. 그것은 다른 모든 것들의 경우와 똑같다. 문제가 심각하고 그 문제를 푸는 것이 생사가 달린 일이라고 느낄 때에만 그 문제에 대한 해답을 발견하게 된다. 아무것도 심각한 중요성을 가진 것이 없다면 그 사람의 이성과 비판적 능력은 낮은 활동 차원에서 움직이고, 그러면 그에게는 관찰하는 능력이 결여된 것처럼 보인다.

또 한 가지 유익한 태도는 깊은 불신의 태도이다. 우리가 듣는 것들의 대부분은 분명코 진실이 아니거나, 아니면 반은 진실이고 반은 왜곡된 것이며, 우리가 신문에서 읽는 것들의 대부분은 실제라고 제공되는 왜곡된 해석들인 까닭에, 애초부터 회의주의와, 우리가 듣는 것들의 대부분이 거짓말이거나 왜곡이기 쉽다는 가정에서 시작하는 것이 단연코 최상책이다. 이것이 너무 끔찍하고 시니컬하게 들린다면, 나는 내가 정말로 문자 그대로의 의미로 말하는 것이 아니라, 그것이 정반대의 전제, 그러니까 반대로 드러날 때까지는 사람들이 진실을 말하고 있다고 믿는 것보다는 훨씬 더 유익하다는 것을 강조하고자 한다는 점을 덧붙이고자 한다.

내가 이야기했던 것이 거짓말하는 사람들에 대해서가 아니라 사람들이 하는 말들의 진실에 관한 것이었음을 강조한다면, 내가 권장한 방법은 아마도 덜 염세적으로 들릴 수도 있을 것이다.

대부분의 사람들이 그렇게 거짓말쟁이인가 아닌가로 분류될 수 있다면, 그것은 참아주기가 더 어렵다고 하더라도 아마도 더 간단할 것이다. 그렇지만 사실은 하는 말들이 진실이 아니거나 아니면 반쯤밖에 진실이 아닌 사람들 중의 대다수가 자기들이 진실을 말한다고 진정으로 믿거나, 아니면 적어도 그렇다고 스스로를 설득하면서 말을 하는 것이다.

　자각의 실천단계들에 관해서는 뒤에 정신분석과 자기 분석의 장에서 논의하겠다. 그렇지만 먼저 나는 존재의 기술을 배우기 위한 몇 가지 단계들에 대해서 논의하고 싶다.

9

집중하기

집중하는 능력은 인공두뇌학적 인간cybernetic man의 생활에서는 희귀한 것이 되었다. 정반대로, 인공두뇌학적 인간은 집중을 피하기 위해서라면 무엇이든 하는 것 같다. 그는 음악을 듣고, 읽고, 먹고, 친구와 이야기하는 것 같은 몇 가지 일을 동시에 하기를 좋아한다. 한 풍자만화가 이런 경향을 아주 간단명료하게 표현했다. 한 남자가 자기 침대 위의 벽에 텔레비전을 설치해놓았다. 성교를 하면서 텔레비전 화면을 볼 수 있도록!

사실 텔레비전이야말로 비집중의 훌륭한 교사이다. 광고를 통해서 한 프로그램을 중단시킴으로써 시청자는 집중하지 **않도록** 제약받는다. 독서습관들도 똑같은 경향을 드러낸다. 앤솔러지anthology들의 편집과 출판양식은 이런 경향을 강화한다. 더 나쁜 것은 한 저자가 자신의 책을 읽는 것을 대신하도록 사고의 조각들을 제공하는 것이다. 그 결과 독자는 사고들의 복합체계를 이해하기 위해서 집중할 필요없이, 훨씬 덜 집중해도 되는 편하게 토막낸 "살코기"를 얻는다. 많은 학생들이 앤솔러지나 축약판이 없는데도 책 전체를 읽지 않는 습관이 있다. 서문, 결론, 교수가 지적해준 몇몇 페이지들, 그것만 읽으면 적어도 피상적으로나마 그리고 집중할 필요없이 그 저자의 사상을 "안다"는 것이다.

대화 속의 한 주제에 대한 그리고 상대방에 대한 집중이 별로 생기지 않는다는 것은, 입으로 주고받는 보통의 대화들을 지켜본 사람이라면 누구든지 분명히 알 것이다. 혼자 있을 때에도 사람들은 무엇에든지 집중하기를 피한다. 그들은 당장 신문이나 잡지를 집어든다. 그런 것들은 쉽게 읽히고 정말로 집중하지 않아도 되기 때문이다.

집중이 그렇게 보기 드문 현상이 된 것은 사람의 의지가 한 가지로 향해 있지 않기 때문이고, 아무것도 집중하려고 애쓸 만한 가치가 없다는 것은 어떤 목적도 열정적으로 추구하지 않기 때문이다. 그러나 거기에는 그 이상의 것이 있다. 다른 사람, 다른 생각, 다른 사건에 너무 빨려들어가면 자기 자신을 잃게 될까 두려워서 사람들은 집중하기를 두려워하는 것이다. 그들은 자기self가 덜 강할수록, 자기가 아닌non-self 것에 대해서 집중하는 행위 속에서 자기 자신을 잃을 것이라는 두려움이 더 커진다.

소유지향적인 사람들의 경우에도 자기 자신을 잃을지도 모른다는 그러한 두려움이 집중을 막도록 하는 주요 요인들 중의 하나이다. 마지막으로 집중은 분주함이 아니라 내면적 활동을 요구하는데, 분주함이 성공의 열쇠인 오늘날에는 그러한 내면적 활동이 드물다.

사람들이 집중하기를 두려워하는 데에는 또다른 이유가 있다. 사람들은 집중한다는 것이 너무 힘든 일이고 그래서 금세 지쳐버릴 것이라고 생각한다. 사실은 그 정반대이고, 그것을 누구든 자기 자신에게서 관찰할 수 있다. 집중력이 떨어지면 피곤해지는 반면 집중하면 깨어난다. 거기에는 아무런 신비한 것도 없다. 집중하지 않고 하는 활동에서는 아무런 에너지도 동원되지 않는다. 낮은 차원의 에너지만으로도 충분히 그 일을 할 수 있기 때문이다. 정신적인 측면과 더불어 생리학적인 측면을 가지는 에너지의 동원은 살아 있다고 느끼게 하는 효과가 있다.

집중의 어려움은 결국 현대적 생산과 소비 체제의 전체 구조로부터 나온 것이다. 인간의 노동이 한 기계를 거드는 것이거나 혹은 아직 쇠나 강철로 고안된 것이 아닌 어떤 기계 중 그 부분 역할을 하는 것일수록, 집중할 수 있는 기회는 더 줄어든다. 작업과정이 너무 단조로워서 진정한 집중을 할 수 없는 것이다. 똑같은 말이 소비에도 해당된다. 시장은 할 수 있는 한 많은, 서로 다른 재미있는 것들을 내놓고, 그것들은 너무도 다양해서 어느 한 가지에 집중할 필요도 없고 집중할 수도 없다. 사람들이 어떤 것에 금세 싫증을 내고 새 것이라는 이유 때문에 흥미를 끄는 새로운 것들을 사러 달려나가지 않고 몇 가지 것들에 집중하기 시작한다면, 산업은 어디로 가야 할까?

집중하는 법을 어떻게 배우는가? 이 질문에 대한 대답은 아주 간략하거나 아주 길 수밖에 없다. 여기서는 지면상의 이유로 간략한 대답을 해보겠다.

첫 번째 단계로서 나는 가만히 있는 법을 실천해볼 것을 권한다. 구체적으로 말하자면, 이것은 가령 한 10분쯤 가만히 앉아 있는 것을 뜻한다. 아무것도 하지 않고, 가능한 한 아무것도 생각하지 않고, 그러나 자기 내부에서 무엇이 진행되는지를 의식하면서 앉아 있어야 한다. 이것이 쉬운 일이라고 생각하는 사람은 한번도 시도해보지 않은 사람이다. 한번 시도해보면 꽤 어려운 일임을 당장 발견하게 된다. 자신이 안절부절못하고 손과 다리와 몸을 움직이고 있음을 알아차릴 것이다. 우리가 이집트 파라오들의 조각상이나 사진에서 볼 수 있는 고전적인 앉은 자세를 시도해보면 이 점은 훨씬 더 분명하게 드러난다. 두 다리는 꼬지 말고 반듯하게 앞쪽으로 두고, 두 팔은 팔걸이나 무릎 위쪽에 놓고 앉는 자세 말이다. 그러나 그 자세는 우리가 옛날 군대식의 체육훈련에서 배우는 것처럼 뻣뻣하거나 아니면 구부정하고 축 늘어진 자세여서는 안 된다. 그것은 다른 어떤 것이다. 몸이 조화로운 상태에서 적극적으로 생기와 편안함을 느끼는 자세이다. 그렇게 앉는 자세를 배우면 푹신한 안락의자에 앉으면 불편함을 느끼고, 딱딱한 의자에 앉아야 편안함을 느끼게 된다.

이렇게 앉는 방법을 실천하는 것이 집중을 배우기 위한 한 단계이다. 이것을 10분에서 15분, 혹은 20분까지 늘려야 하고, 매일 아침 규칙적으로 해야만 하거니와, 밤에 적어도 5분에서 10분 동안, 그리고 가능하다면 낮에 한 번 더 하는 것도 썩 괜찮은 일이다. 얼마 동안 가만히 앉아 있을 수 있게 되면—그것은 한 달에서 석 달까지 걸릴 수 있다—그렇게 가만히 앉아 있는 중에 혹은 그후에 직접적인 집중훈련을 덧붙일 것을 권한다. 두 눈을 감고도 그 동전이 완전하게 보일 정도로까지, 한 개의 동전에 초점을 맞추어 그 동전의 세부적인 모든 것들에 철저히 집중할 수도 있을 것이다. 아니면 다른 어떤 대상—꽃병, 시계, 전화, 꽃, 나뭇잎, 돌, 아니면 무엇이든 집중하고 싶은 것—을 이용할 수도 있다. 혹은 그 대신 한 단어에 집중할 수도 있다.

여러 달 동안 많은 생각들이 마음속을 뚫고 지나가면서 집중을 무너뜨릴 것이다. 살아 있는 모든 것들이 그러하듯이, 여기서도 강압은 아무런 소용이 없다. 무관한 생각들을 강제로 내몰려고 하고 그것들을 원수처럼 취급하려고 하고, 그러다가 그 싸움에 이기지 못하면 패배감을 느끼는 것은 아무런 도움이 되지 않는다. 그런 것들은 부드럽게 다루어야 하고, 그것은 자기 자신에게 참을성이 있어야 한다는 의미이다(참을성이 없다는 것은 대체로 강제로 밀고 나가려는 의도의 결과이다). 천천히, 정말로 아주 천천히, 방해하는 생각들의 빈도수가 줄어들고, 그리하여 더 잘 집중할 수 있게 될 것이다.

훨씬 더 만만치 않은 또다른 장애물은 졸립다는 것인데, 꾸벅꾸벅 졸려는 자신을 발견하는 일이 자주 있을 것이다. 이것 역시 수월하게 뛰어넘어야만 한다. 당장 처음부터 다시 해보거나 몇 번 심호흡을 할 수도 있고 졸음이 끈질기면 중단하고 더 좋은 때에 다시 해볼 수도 있다. 이런 어려움들이 집중을 배우는 데 큰 장애가 된다. 대부분은 아니라고 할지라도 많은 사람들이 얼마 뒤에는 용기를 잃게 되기 때문이다. 그들은 그것을 하지 못한다고 자기 자신을 비난하거나, 그 방법 전체가 어쨌든 틀려먹은 것이라는 판결을 내림으로써 자신의 실패를 합리화할 수도 있다. 무엇을 배우는 일에서도 그렇듯이, 여기에서도 실패를 너그럽게 견디는 것이 결정적으로 중요한 일이다.

물건들을 토해내는 기계생산은 실패를 모르지만, 그것은 탁월함 또한 알지 못한다. 기계에 의한 생산은 탁월함으로 이르는 길은 곧바로 뚫려 있고 쾌적하다는 이상한 환상으로 이어져왔다. 바이올린이 끽끽 긁히는 소음을 내지 않으리라는 환상, 한 철학체계를 연구하다 보면 종종 당혹스럽고 난감한 상태에 빠지는 일이 없으리라는 환상, 요리책에 나오는 요리법을 한번 읽고 나면 완벽한 음식이 만들어진다는 환상들 말이다. 어떤 다른 성취로 이르는 길과 마찬가지로, 집중으로 이르는 길에는 반드시 실패와 실망이 따른다는 것을 알기만 한다면, 집중하는 법을 배우는 과정에서 불가피한, 용기가 꺾이는 일을 피할 수 있을 것이다.

위에서 설명한 간단한 훈련들과 더불어서, 혹은 그 뒤를 이어서 사고와 느낌에 대한 집중의 실천이 있어야만 한다. 예를 들면, 누군가가 무엇인가 이야기할 만한 의미 깊은 것을 가진 한 저자가 어떤 의미 깊은 주제에 관해서 쓴 책을 읽고 있었다. 그는 자신이 그 책을 어떻게 읽는지를 스스로 관찰할 수 있다. 한 시간쯤 지나면 가만히 앉아 있지를 못하게 되든가, 페이지들을 건너뛰어 읽으려고 하든가, 처음 읽었을 때 아주 분명하게 이해되지 않으면 그 페이지를 다시 읽든가, 저자의 논지에 대해서 생각하고 자기 자신의 반응이나 새로운 생각들을 정립하든가, 저자에게 반박하기 위해서 이런저런 점에 대한 비판에 매달리는 것이 아니라 저자가 정말로 말하려는 바를 이해하려고 애쓰든가, 뭔가 새로운 것을 배우기를 원하든가, 아니면 반대되는 관점의 오류들을 통해서 자기 자신의 관점이 옳다는 것을 직접적으로든 간접적으로든 확인하기를 원하든가 하는 것이다.

이러한 것들은 우리가 집중해서 책을 읽는가 아닌가를 알아내는 데 도움이 되는 증상들 중의 몇 가지이다. 집중하지 않는다는 것을 발견하면 우리는 종종 더 적은 양의 책을 읽는 한이 있더라도 그 저자의 사고의 핵심에 접근함으로써 독서에서의 집중을 실천해야 한다.

다른 사람에게 집중한다는 것은 본질적으로 생각들에 집중하는 것과 다르지 않다. 대부분의 인간관계들이 집중의 완전한 부재로 해를 입는다는 논제를 위한 자료들을 모으는 일은 각 독자의 체험에 맡겨두어야 하겠다. 우리는 아주 서투른 성격 판단가이기 쉽다. 다른 사람의 사람됨—즉, 그가 하는 말들, 그의 행동거지, 그의 지위, 그의 옷차림—의 겉모양을 파악하는 것 그 이상을 더 넘어서지 못하기 때문이다. 요컨대 우리는 그가 우리에게 보여주는 가면, 즉 **페르소나**persona를 관찰할 뿐 그 표면을 뚫고 들어가서 그 가면을 걷어버리고 그 뒤에 숨겨진 **사람**person이 누구인지 보지는 못한다. 그것은 오직 우리가 그 사람에게 집중할 때에만 가능하다. 그러나 우리는 누구든—자기 자신을 포함해서—완전하게 아는 것을 두려워하는 것 같다.

개인의 개별성이 집중과정의 매끄러운 흐름을 방해한다. 어떤 사람에 대한 집중된 관찰은 어쩔 수 없이 우리에게 연민, 근심, 혹은 그 반대로 공포심으로 반응하도록 만드는데, 그런 감정들은 모두가 인공두뇌학적 사회의 원활한 기능에는 불리한 것들이다. 우리는 거리를 원하고, 함께 살고 함께 일하고 안정감을 느끼는 데에 필요한 만큼만 서로에 대해서 알기를 원한다. 그런 까닭에 표면을 아는 것은 바람직하지만 집중해서 얻는 지식은 마음을 불안하게 만드는 것이다.

다른 유익한 형태의 집중들이 있다. 테니스 혹은 등산 같은 운동, 체스 같은 게임들이 그러한 것들이다. 그리고 악기 연주, 그림 그리기, 조각 같은 것들이 있다. 이런 활동들은 집중된 형태로 이루어질 수도 있고 아니면 집중되지 않은 형태로 이루어질 수도 있다. 그러나 대부분 주로 집중되지 않은 형태로 이루어지고, 따라서 집중을 배우는 데에는 아무 도움도 되지 않는다. 그것들이 집중된 형태로 이루어질 경우에 그 정신적 효과는 완전히 다르다. 그러나 그러한 것들 중 어느 것도 하지 않아도 우리는 계속 집중해서 살 수 있다. 뒤에서 보게 되겠지만 유념의 불교적 개념은 다름 아니라 인간이 주어진 어느 순간에든 자기가 하는 모든 일―씨앗을 심는 일이든지, 혹은 방 청소를 하는 일이든지, 혹은 먹는 일이든지―에 완전히 집중해 있는 존재방식을 의미한다. 곧 한 선사禪師가 말했듯이 "잘 때는 자고 먹을 때는 먹는다……"는 것이다.

10

명상하기

집중의 실천으로부터 하나의 곧바른 길이, 존재의 기술을 배우는 데 필요한 기본적인 준비들 중의 하나로 이어진다. 그것은 명상이다.

우선 두 종류의 명상을 구분해야만 한다. 첫 번째는 자기 암시적 방법들을 이용하여 스스로 이끌어낸 가벼운 무아경의 상태들인데, 이것들은 정신과 육체를 느긋하게 풀어주고 수행자에게 상쾌한 기분과 편안한 마음과 더 많은 활력을 느끼게 해줄 수 있다. 그러한 요법들 중의 한 예는 작고한 베를린의 I. H. 슐츠 교수가 개발한 "자율 훈련법"이다. 수천 명의 사람들이 그 방법을 실행했는데, 전반적으로 괜찮은 성공을 거두었다.* 슐츠는 그 방

---

* 내 아내와 나는 슐츠 교수와 함께 실습해보았지만, 그 자기 암시적 성격에 대한 내면적 저항 때문에 큰 성공은 거두지 못했다.

법이 정신적인 긴장완화 이외의 어떤 다른 역할을 한다고는 결코 주장하지 않았다. 그것은 자기 스스로 실행해야만 하는 방법이므로 전적으로 수동적인 것만도 아니고, 따라서 그것을 가르치는 사람에게 의존하게 만들지도 않는다.

자기 암시적 형태의 명상과 대조적인 것들은 비집착, 무탐욕, 무환상을 고도로 성취하는 것을 주목표로 삼는, 간단하게 말하자면 보다 높은 차원의 존재에 도달하는 데 도움이 되는 형태의 명상이다. **불교 명상**에서 나는 불교의 목적, 즉 탐욕과 증오심과 무지의 단절에 더 가까이 데려다주는 것을 목표로 하는, 단순하고 신비화시키지 않고 비암시적인 형태의 명상을 발견했다. 다행히 우리에게는 냐나포니카 테라*가 쓴 불교 명상에 관한 탁월한 설명서가 있는데, 나는 이 명상법을 배우는 데 진정으로 관심이 있는 모든 사람들에게 그 책을 권한다.

다음에 이어지는 언급들은 그 책에서 독자가 무엇을 발견하게 될 것인가를 보여줄 것이다. 불교 명상의 목적은 우리의 육체와 정신의 작용과정들에 대한 **최대의 자각**이다. 저자는 이렇게 말한다.

부처가 사티파타나[覺]**에 관한 자신의 설법에서 가르쳤던 정각

---

* 냐나포니카 테라, 『불교 명상의 핵심』(Samuel Weiser, 뉴욕, 1973[초판은 1962년, 런던의 Rider & Co.에 의해서였다]).

正覺, Right Mindfulness(올바른 깨달음)의 체계적 연마는 여전히, 정신이 나날이 처리해야 하는 일들과 문제들뿐만 아니라 정신의 최고의 목표—탐욕, 증오, 미혹으로부터 정신 자신이 흔들림 없이 해방되는 것—를 위해서 정신을 훈련하고 개발하기 위한 가장 철저하고 효과적인 방법을 마련해준다.

부처의 가르침들은 다양한 개인적 욕구와 기질과 능력에 적합한 아주 다양한 정신훈련 방법들과 명상의 주제들을 제공한다. 그러나 이 모든 방법들은 결국 하나로 모여, 스승 자신이 "단하나의 길"(혹은 유일한 길. 에카야노 마고ekayano maggo)이라고 불렀던 "깨달음의 길"을 이룬다. 따라서 깨달음의 길은 "불교 명상의 핵심" 혹은 더 나아가 "전체 교리의 핵심"(두함마-하다야dhamma-hadaya)으로 불리는 것이 옳을지도 모른다. 이 위대한 핵심은 실제로, 그 교리(두함마-카야dhamma-kaya)의 온몸에 퍼져 고동치는 혈류들의 중심점이다.……

이 오래된 깨달음의 길은 2,500년 전에 그랬던 것과 마찬가지로 오늘날에도 실행에 옮길 수 있다. 그것은 동양에서처럼 서양에서도 응용될 수 있고 수도승이 있는 암자의 평온 속에서처럼 삶의 혼란 속에서도 응용될 수 있는 것이다.……

올바른 깨달음은 사실상 어디에서든, 어느 시대에든, 누구에

** S. 실버스틴이 번역한, 모셰 차임 루자토의 『의로운 자의 길(The Path of the Just)』에서 "극의 깊음"에 관한 제2-5장을 참조하라.

게든 올바른 생활과 올바른 생각을 위해서 없어서는 안 될 기반
이다. 그것은 모든 사람들을 위한 중대한 말씀을 가지고 있다.
부처와 그의 교리[法]를 따르는 정식 신도들뿐 아니라, 제어하기
위한 어려운 정신을 지배하고자 애쓰는 사람들과 정신에 잠재
된 보다 큰 힘과 보다 큰 행복의 능력들을 진정으로 개발하기 원
하는 모든 사람들을 위해서도.*

깨달음은 호흡에 대한 자각을 중심 문제로 하는 나날의 명상
훈련 속에서 실행될 뿐만 아니라, 나날의 생활의 어느 순간에든
똑같이 적용될 수 있다. 그것은 어떤 일도 다른 데 정신 팔며 하
지 않고, 손 댄 것에—그것이 걷는 것이든, 먹는 것이든, 생각하
는 것이든, 보는 것이든—완전히 집중해서 하는 것이며, 그리하
여 산다는 것이 완전한 자각에 의해서 전부가 훤히 드러나 보이
게 하는 것이다. "깨달음"은 그 인간 전체 그리고 그의 체험의 온
분야를 포괄하는 것**이라고 냐나포니카는 말한다. 그것은 존재
의 모든 영역으로 뻗쳐 있다. 그 사람의 정신의 상태와, 그 사람
의 정신의 심리적 내용물들에까지. 모든 체험은 그것이 깨달음
으로 이루어지는 것이라면, 명백하고 뚜렷하고 생생한 것이며,
따라서 자동적이고 기계적이며 산만하지 않다. 완전한 깨달음의

* 『불교 명상의 핵심』, pp.7-8.
** 같은 책, p.57.

상태에 이른 사람은 활짝 깨어 있고, 현실을 심층적이고 구체적으로 자각한다. 그는 집중해 있고, 다른 데 정신을 팔지 않는다.

깨달음의 확대로 이어지는 훈련들 중의 첫 번째는 호흡이다. 그것은 저자가 강조하는 것처럼, **깨달음**의 훈련이지, **호흡**의 훈련이 아니다. 그리고 그는 이렇게 말한다.

불교적 수행에는 호흡의 "역류"나 다른 어떤 호흡 간섭도 없다. 그저 호흡의 자연스러운 흐름에 대한 조용한 "있는 그대로의 관찰"이 있을 뿐이다. 끈기 있고 굳은, 그러나 느긋하고 유연한 주의력을 가지고, 즉 긴장하거나 경직됨이 없이 말이다. 호흡의 길고 짧음을 알아차리게 되지만, 일부러 조절하지는 않는다. 그러나 규칙적인 수행을 통해서는 아주 자연스럽게 호흡이 차분하고 고르고 깊어지게 될 것이다. 그리고 호흡 리듬의 평온함과 깊어짐은 전체 삶의 리듬의 평온함과 깊어짐으로 이어질 것이다. 이렇게 호흡의 깨달음은 신체적, 정신적 건강의 중요한 한 요소인데, 그러나 그것은 단지 불교 수행에 부수적인 것일 뿐이다.[*]

냐나포니카가 묘사한 고전적인 불교 명상에서, 호흡에 대한 깨달음 다음에는 몸의 자세들에 대한 깨달음, 몸에서 일어나는

[*] 같은 책, p.61.

모든 작용들에 대한 분명한 지각知覺이 이어지고, 그 다음에는 느낌들에 대한, 자신의 정신상태에 대한(자기 인식), 그리고 심적 내용물들에 대한 분명한 자각이 이어진다.

이 짧은 개설에서 냐나포니카가 속해 있는 상좌부파上座部派(소승불교의 한 파/역주)가 수행하는 불교 명상에 대해서 충분히 분명하고 자세하게 이야기하기란 불가능하다. 그러므로 자각을 확대시키는 명상에 진정으로 관심을 가진 사람에게, 나는『불교 명상의 핵심』을 추천할 수 있을 뿐이다. 그러나 저자 자신은 이 방법이 "정식 불교 신도들만을 위한 것은 아니다"라고 말하기는 했지만, 나로서는 그 책을 읽으라는 제안에 덧붙여두고 싶은 한 가지 유보조건이 있다. 저자는 아주 해박한 불교 승려이고 그는 불교 교리를 전통적인 형태로 서술한다는 점이다. 소승불교에서 보이는 삶을 부정하는 경향 등과 같은, 불교 교리들 중의 많은 것들에 동감하지 않는 혹은 썩은 송장을 상상함으로써 욕망의 헛됨을 스스로에게 납득시키도록 권하는 방법들에 동의하지 않는 나 같은 많은 사람들에게는 정확히 저자가 설명하는 방법대로 명상을 수행하기가 어렵다. 그러나 방금 언급했던 교리들 없이도, 불교 신도는 아니지만 불교의 가르침의 정수에 깊은 인상을 받은 많은 사람들이 받아들일 만한 두 가지의 핵심적인 교리들이 있다. 내가 이야기하는 첫 번째 것은, 삶의 목표는 탐욕, 증오심, 그리고 무지를 극복하는 것이다라는 교리이다. 이 점에서 불교는 유대교 및 기독교와 본질적으로 다르지 않다. 더 중요한 것은, 그리고 유대교와 기독교의 전통과 다른 것은 불교사상의 다른 한 요소, 즉 자신의 내부와 외부에서 일어나는 작용과정들에 대한 최대의 자각을 요구한다는 점이다. 불교는 정통 힌두교에 대항하는 혁명적 운동이었고, 그 무신론 때문에 여러 세기동안 심한 박해를 받아왔던 만큼, 서구 종교들에서는 찾아볼 수 없는 합리성과 비판적 사고를 어느 정도 가진다는 특성이 있다. 불교의 가르침의 핵심은 탐욕, 증오심, 그리고 그 결과인 괴로움은 극복될―현실에 대한 완전한 자각으로써―수 있다는 것이다. 그것은 인간의 생존에 관해서 관찰할 수 있는 자료들을 분석한 결과로서 삶을 위한 기준들에 도달하는 하나의 철학적-인류학적 체계이다.

냐나포니카 테라 자신이 자기가 주장하는 바를 아주 분명하게 표현했다. 그는 깨달음의 기능을 "점점 더 훨씬 분명해지고 훨씬 더 강렬해지는 의식을 만들어내는 것, 그리고 어떤 거짓이든 점차로 제거되는 실상實狀의 그림을 보여주는 것"*으로 설명한다. 그는 "잠재의식subconsciousness"과의 "자연적이며, 가깝고 보다 친근한 접촉"으로 이어지는 것으로서의 명상에 관해서 이야기한다.** 그

---

*   같은 책, p.26.
**   같은 책, p.82. "잠재의식"이라는 말은 그 나름의 적절한 이유 때문에 저자에 의해서 선택된 용어이다. 나로서는 "무의식"이라는 용어가 더 낫다. 무의식이라는 용어는 의식 아래의 공간적 위치를 의미하지 않기 때문이다.

명상하기   **113**

는 이렇게 쓰고 있다. "그렇게 해서 잠재의식은 보다 '명료한' 것으로 변하고, 제어하기에 더 순한, 다시 말해서 의식적인 정신의 지배적 경향들과 균형을 이룰 수 있고 또 그것들에 도움이 될 수 있는 것으로 변한다. 잠재의식으로부터 나타나는, 예측할 수 없고 조종할 수 없는 요소를 감소시킴으로써, 자존自存은 보다 안전한 기반을 얻게 될 것이다."*

그는 불교 사상에서 가장 심오한 요소들 중의 하나, 즉 불교 사상이 독립과 자유를 중시한다는 것을 강조함으로써 깨달음의 수행에 관한 설명을 끝맺는다. 그는 이렇게 쓴다. "그 자존의 정신에서, 사티파타나[깨달음]는 어떤 정교한 기법도, 혹은 외형적인 고안물도 필요로 하지 않는다. 나날의 삶이 그 작업도구이다. 그것은 어떤 별난 제식 혹은 의식과도 아무 상관없고, 자기 계발에 의한 것 말고는 어떠한 '비전秘傳'이나 '밀교적 지식'도 주지 않는다."***

우리는 불교 명상의 핵심이 실재에 대한, 그중에서도 더욱 각별히 육체와 정신에 대한 최대의 자각을 이루는 것임을 알았다. 전통적 형태의 불교 명상의 방법을 따르는 사람들의 경우에도 전통적 방법에서는 암시만 되어 있을 뿐인 자각의 새로운 차원들을 덧보탬으로써 그 형태를 확대시킬 수는 없는 것일까 하는

---

*   같은 책, p.82.
**   같은 책, p.82.

114

의문이 생길 것이다. 내가 보기에, 그렇게 불교 명상을 확장한 것에는 두 가지가 있을 것 같다. 그러나 그것들은 불교 명상과의 아무런 연관 없이도, 혹은 다른 종류의 명상들이나 아니면 단순히 가만히 앉아 있는 연습과 연관하여 실행해도 결실을 거둘 수 있는 것들이다.

육체에 대한 보다 큰 자각에 도움이 되는 방법들에 관해서는 이미 앞에서 언급했다. 내가 말하는 것은 "감각훈련", "동법動法", 그리고 태극권이다.

불교 명상의 다른 한 측면은 "의식이 훨씬 더 분명해지고 훨씬 더 강렬해지는 것, 그리고 어떠한 거짓도 점점 더 제거되는 실상의 그림을 보여주는 것"이다.* 냐나포니카 테라 자신이 "무의식과의 좀더 친근한 접촉"을 언급하고 있거니와, 그것은 사실 거기서 한 걸음만 더 나아가면, 정신의 무의식적인 측면에 대한 통찰을 목표로 하는 **정신분석학적 방법**이 불교 명상에 덧붙일 수 있는 한 가지 중요한 방법이 될 수 있다는 암시가 된다. 냐나포니카—나는 불교 명상과 불교 교리에 대한 그의 깊이 있고 끈기 있는 설명들의 덕을 톡톡히 보고 있다—는 그러한 정신분석학적 탐구를 전통적 불교 명상에 덧붙인 것으로 보는 것도 아주 당연하다는 점에 동감했다. 그러나 최대의 자각을 얻기 위한 한 수

---

* 　같은 책, p.26.

단으로서의 정신분석학적 방법은 내가 보기에는, 불교적인 것이거나 아니면 다른 어떤 명상의 방법과의 아무런 연관 없이도 유효성을 가지는, 제 나름의 어엿한 하나의 방법이라는 것을 나는 다시 한번 강조하고 싶다.

제 4 부

·
·
·

내가 살고 있는 사회의 무의식적 측면들을 분석할 수 없는 한,
나는 내가 누구인지 알 수 없다.
나의 어느 부분이 내가 아닌지 알지 못하기 때문이다.

11

정신분석과 자기 인식

이 지점에 이르러 우리는 자각에 대한 앞서의 논의와 다시 관계를 가진다. 정신분석학 역시 어떤 "초超치료적trans-therapeutic" 기능이 있으며, 자각을 하고 그리하여 내적 해방을 확대시키는 데에 가장 알맞은 방법들 중의 하나라는 것이 사실이라고 한다면 말이다.

이런 가정을 모든 사람들이 공유하고 있는 것은 아니다. 아마도 대부분의 비전문가와 전문가가 정신분석학을 억압된 성적性的 기억들과 그것들과 연관된 감정들을 자각시킴으로써 얻게 되는 신경증 치료법으로 정의할 것이다. 이러한 정의에서의 자각 개념은 앞에서 설명했던 것에 비해서 매우 제한적인 것이다. 그것은 본질적으로 억압된 리비도libido적 힘들에 대한 자각을 가리키며, 따라서 그 목적 또한 종래의 의미에서의 치료적인 목적, 다시 말하면 환자가 그의 "특별한 고통"을 일반적이고 사회적으로 받아들여질 수 있는 차원의 고통으로 축소시키도록 돕는 데 한정되어 있다.

나는 이런 한정된 개념의 정신분석학은 프로이트가 발견했던 것들의 진정한 깊이와 그 범위를 제대로 나타내지 못한다고 믿는다. 이 말이 옳다는 증거로서 프로이트 자신의 말을 인용할 수도 있다. 1920년대에 프로이트가, 리비도와 에고$_{ego}$ 사이의 갈등의 결정적인 역할로부터, 생물학적 뿌리를 가진 두 가지 본능, 즉 삶의 본능과 죽음의 본능 사이의 갈등의 결정적인 역할로 자신의 이론을 변경했을 때, 그는 물론 옛 이론과 새 이론을 절충시키려고 노력하기는 했지만, 리비도 이론을 사실상 포기한 것이었다.* 더 나아가 프로이트는 자신이 정신분석학의 핵심이라고 여기는 것을 정의할 때, 억압, 저항, 전이를 언급했지만 리비도 이론은 언급하지 않았고, "오이디푸스 콤플렉스"는 더더욱 그랬다.

정신분석학의 핵심적 개념이라고 **보이는** 것―리비도 이론― 이 실제로는 프로이트의 가장 중요한 발견이 아닐 수 있으며, 더 나아가 정확한 발견도 아닐 수 있다는 사실을 이해하기 위해서

---

* 옛 이론으로부터 새 이론으로의 변화와, 그 둘을 절충하고자 했던 프로이트의 별로 성공적이지 못했던 시도에 관해서는 에리히 프롬의 『인간 파괴성의 해부』의 부록에 자세하게 논의되어 있다.

는 좀더 일반적인 현상들을 고려해야만 한다. 모든 창조적 사상가들은 자기가 속한 문명의 카테고리와 사고 패턴이 가지는 용어들로만 생각할 수 있다. 그의 가장 독창적인 사상이 "생각할 수 없는 것"인 경우가 흔하고, 따라서 그는 자기가 발견한 것들이 생각할 수 있는 것이 되도록 하기 위해서 그것들을 왜곡시킴으로써(혹은 좁힘으로써) 자신의 사상을 정립하지 않을 수 없다. 원래의 개념은 처음에는 잘못된 형태로 표현될 수밖에 없고, 그러다가 결국 사회의 발전을 기반으로 한 사고의 발전과 더불어, 예전의 공식적 표현들은 시간에 갇힌 오류들로부터 해방되어, 저자 자신이 믿었을 법한 것보다 훨씬 더 큰 심오한 의미를 띨 수 있게 되는 것이다.

부르주아 유물론의 철학에 깊이 물들어 있던 프로이트는 어떤 심리적인 힘이 동시에 어떤 생리적인 힘으로서 확인될 수 없는 한, 그것이 인간을 움직이는 동기가 된다는 가정을 생각할 수 없는 것으로 보았다. 두 특질을 함께 가진 유일한 힘이 성적 에너지였다.

그러므로 인간에게 중심적인 갈등은 리비도와 에고 사이의 갈등이라는 프로이트의 이론은 필연적인 가정이었다. 왜냐하면 그것이 그에게 자신의 근원적인 발견을, "생각할 수 있는" 용어들로 표현할 수 있게 해주기 때문이었다. 리비도 이론의 구속으로부터 풀려나면, 정신분석학의 본질은 서로 갈등하는 **인간 내부**

의 여러 경향들이 가진 중요한 의미와, 그러한 갈등들을 자각하지 못하도록 싸우는 저항의 힘과, 아무런 갈등도 없는 것처럼 보이게 만드는 합리화들과, 갈등을 그리고 해결되지 않은 갈등들의 병적인 역할을 자각하게 됨으로써 얻게 되는 해방 효과 등을 발견하는 것으로서 정의될 수 있다.

프로이트는 이러한 일반적인 원칙들을 발견했을 뿐만 아니라, 억압된 것을 연구하는 구체적인 방법들을 최초로 고안했다. 즉 꿈, 증상, 일상생활의 태도를 보고 연구하는 것이었다. 성적 충동들과 자아와 초자아 사이의 갈등들은 비극적으로 실패했을 때뿐만 아니라 생산적으로 해결되었을 때에도 많은 사람들의 삶 속에서 중심적인 역할을 하는 갈등들의 작은 일부를 이룰 뿐이다.

프로이트의 역사적 중요성은 억압적인 성적 갈등의 효과들을 발견한 데 있지 않다. 그것은 그의 시대에는 대담한 것이었지만, 그것이 프로이트의 가장 큰 기여였다면 그는 그처럼 요란스러운 영향력을 가지지 못했을 것이다. 그 영향력은 그가 인간의 생각과 그의 삶이 일치한다는 인습적인 관점을 깨부수고, 위선의 가면을 벗겼다는 사실, 그리고 모든 의식적 사고, 의도적 목적들, 미덕들을 의심했고 그러한 것들이 내면 실태를 숨기려는 저항력의 형태들에 지나지 않는다는 것을 자주 실증해 보였던 만큼 그의 이론이 비판적 이론이었다는 사실로부터 나온 것이다.

내가 방금 개설했던 측면에서 프로이트의 이론들을 해석한다면, 거기서 더 나아가 정신분석학의 기능은 폭 좁은 치료적 기능을 초월하는 것이며 억압된 갈등들을 자각함으로써 내적 해방을 성취하기 위한 하나의 방법이라고 가정하기란 어렵지 않다.

정신분석학의 초치료적 기능에 관한 논의에 들어가기 전에, 나는 몇 가지 조언들을 이야기하고 정신분석의 몇 가지 위험을 지적하는 것이 필요하다고 본다. 살면서 어려움에 부딪치게 되면 일반적으로 정신분석을 받으러 달려가는데, 그러나 적어도 응급처치의 단계로서는 정신분석을 시도하지 **말아야** 할 많은 이유들이 있다.

첫 번째 이유는 그것이 자기 힘으로 자신의 어려움을 해결하려는 욕구로부터 쉽게 **빠져나가는** 길이 된다는 것이다. 앞에서 논의했던, 매끄럽게, 고통 없이, 노력 없이라는 이상들과 함께 역시 널리 퍼져 있는 또 하나의 믿음이 있으니, 그것은 삶에서 어떤 갈등도, 고통스러운 선택도, 괴로운 결정도 겪지 않아야 한다는 것이다. 그러한 상황들에 대해서는 약간 비정상적인 것 혹은 병적인 것으로, 그리고 피할 수 없는 일상생활의 한 부분이 아닌 것으로 생각한다. 물론 기계들은 아무런 갈등도 없다. 따라서 살아 있는 자동 기계장치가 그 구조에 혹은 그 기능에 어떤 결함이 있는 것이 아닌 한 왜 갈등을 겪어야 하겠는가?

무엇이 이보다 더 순진할 수 있겠는가? 지극히 표피적이고 소외된 부류의 생활은 의식적인 결정들이 필요하지 않을 수 있지만, 그러한 삶도 무의식적 갈등들의 표시인 궤양, 고혈압 같은 신경과 심신에 관련된 수많은 증상들을 만들어낸다. 느낄 수 있는 능력을 완전히 상실한 것이 아니라면, 로봇이 된 것이 아니라면, 괴로운 결정들에 직면하는 것은 좀처럼 피할 수 없다.

예를 들면, 아들이 부모로부터 독립하는 과정도 그러한 경우이다. 자신과 헤어져 산다는 것이 부모에게 얼마나 상처가 되는지를 안다면 그 과정은 매우 괴로운 것일 수 있다. 그러나 아들은 순진하게도 그 결정이 괴롭고 힘들다는 사실 자체가 신경병적인 것이고 따라서 정신분석을 받아야 할 필요가 있음을 나타내는 것이라고 믿을 것이다.

또다른 한 예는 이혼의 경우이다. 자기 아내와(혹은 남편과) 헤어지려는 결심은 가장 괴로운 결심 중의 하나이지만, 끝없는 갈등과 자기 자신의 발전에 대한 심각한 장애를 끝내기 위해서 이혼이 필요할 수도 있다. 그러한 상황에 처하면 수많은 사람들이 자신이 결심을 어렵게 만드는 어떤 "콤플렉스"를 가지고 있음이 틀림없기 때문에 정신분석을 받아야만 한다고 믿는다. 적어도 그것이 사람들의 의식적인 생각이다. 그러나 실제로는 그들은 종종 다른 동기들을 가지는데, 가장 흔한 경우는 그들이 원하는 것은 다만, 정신분석을 받아서 먼저 자기들의 모든 무의식적 동기들을 찾아내야 한다고 합리화하면서, 그 결정을 미루는 것뿐이다. 많은 부부들이 결정을 내리기 전에 둘은 정신분석자에게 가야 한다는 같은 의견을 가진다. 그 분석이 2년, 3년, 혹은 4년간 계속될 수도 있다는 사실에 그들은 별로 구애받지 않는다. 반대로 더 오래 계속될수록 그들은 결정을 내려야 한다는 것으로부터 더 오래 보호받게 된다. 그러나 이렇게 정신분석의 도움으로 결정을 지연하는 것을 넘어서, 많은 사람들이 의식적으로든 무의식적으로든 다른 희망들을 가진다. 분석자가 결국에는 그들을 대신해서 결정을 내려줄 것이라는, 혹은 분석자가 직접적으로 혹은 "해석"을 통해서 그들에게 어떻게 해야 할지 조언해 줄 것이라는 어떤 희망이 그것이다. 그렇게 되지 않는다고 해도 그들은 두 번째의 기대를 한다. 정신분석이 결국은 정신적 명쾌함을 가져다주어 그들이 어렵지 않게 그리고 복잡한 고통 없이 결정할 수 있도록 해줄 것이라는 기대이다. 두 기대가 모두 실현되지 못한다고 하더라도 그들은 확실하지 않은 어떤 이점을 얻을 수 있다. 이혼에 대해서 이야기하는 것에 너무도 지쳐서, 더 많은 생각을 할 것 없이, 헤어지거나 아니면 그대로 함께 살기로 결정하는 것이다. 후자의 경우에 그들은 적어도 그들 자신의 감정이라든가, 두려움, 꿈 등 두 사람 다 관심이 있는 이야기거리를 가진다. 다른 말로 하면, 그런 분석이 그들의 커뮤니케이션에 어떤 실체를 주었다는 것이다. 그것은 주로 서로에 대해서 다르

게 느끼는 것이라기보다는 느낌들에 대해서 **이야기하는** 것이기
는 하지만 말이다.

이제까지 들었던 예들에 다른 많은 것들을 보탤 수 있다. 벌이
는 덜 되지만 재미는 더 있는 일을 위해서 좋은 직장을 포기하
기로 결심하는 사람, 물러날 것인가 아니면 양심을 어기고 행동
할 것인가 하는 정부 관리의 선택, 직업을 잃거나 블랙 리스트에
오를지도 모를 위험을 각오하고 정치적 저항운동에 참여하려는
사람, 교단에서 쫓겨나서 교단에 속함으로써 얻는 모든 물질적,
정신적 안정을 잃을 각오를 하고 양심에 따라 진실을 밝히려는
사제의 결정 등이 그러한 것들이다.

사람들이 양심의 요구와 자기 이익의 요구 사이의 갈등에 대
해서 도움을 얻으려고 정신분석자에게 가는 것은 앞서의 실례
들에서 이야기했던 가족과 개인적인 갈등들과 관련하여 정신분
석자에게 가는 경우보다 훨씬 더 드문 것처럼 보인다. 가족과 개
인적인 갈등들이 전면에 위치하게 된 것은 양심, 성실성, 진실성
과 자기 이익 사이의 훨씬 더 근본적이고 격렬하고 고통스러운
갈등들을 덮어버리기 위해서라고 추정할 수 있다. 나중에 말한
이 갈등들은 대체로 갈등으로조차 보이지 않고, 더 이상 추적해
볼 필요도 없고 그래서도 안 될, 불합리하고 낭만적이며 "어린애
같은" 충돌들로 금세 밀쳐져버린다. 그러나 그것들은 모든 사람
들의 삶이 가지는 중요한 갈등들이며, 헤어지느냐 헤어지지 않

느냐보다 더 중요한 것이다. 이혼은 대부분의 경우에 옛 모델을 새 모델로 대체하는 것에 지나지 않기 때문이다.

정신분석을 시도하지 말아야 할 또 한 가지 이유는 사람들이 정신분석자에게서 새로운 아버지 상을 찾으려고 하며 그에게 의존하게 되고, 그리하여 자기 자신의 더 나은 발전이 가로막히게 되는 위험 때문이다.

고전적인 정신분석가는 사실은 그 정반대라고 말할 것이다. 즉 그는 환자가 정신분석자로 전이된 아버지에 대한 무의식적인 종속을 발견하고, 그 전이를 분석함으로써 그 전이 자체뿐만 아니라 아버지에 대한 원래의 집착을 떨쳐버리게 된다고 말할 것이다. 이론적으로는 그것이 사실이고, 실제로 때때로 그런 일이 생긴다. 그러나 많은 경우에는 전혀 다른 일이 일어난다. 피분석자가 정말로 아버지와의 끈을 끊어버렸을 수도 있지만, 그 독립의 위장 아래 그는 새로운 끈, 즉 분석자와 이어지는 끈을 만든다. 분석자는 권위자가 되고, 조언자, 지혜로운 스승, 다정한 친구—그 사람의 삶에서 중심적인 인물—가 된다. 이런 일이 그토록 자주 생기는 여러 이유들 중의 하나는 고전적인 프로이트 이론이 가진 결함에 있다. 프로이트의 기본적인 가정은 강력한 권위자를 원하는 욕구, 지나친 야망, 탐욕, 사디즘, 마조히즘과 같은 모든 "불합리한" 현상들은 유년 시절의 환경조건들에 뿌리를 둔다는 것이다. 그 조건들이 그 뒤의 사태 전개를 이해하는 열쇠라는 것이다(그가 이론적으로는 체질적인 요인들이 어떤 영향력을 가지고 있다고 인정했다고 할지라도). 그리하여 강력한 권위자에 대한 욕구는 어린아이의 사실상의 무력함에 뿌리를 두는 것으로 설명되었고, 똑같은 집착이 분석가와의 관계에서 나타났을 때에 그것은 "전이", 즉 한 대상(아버지)에서 다른 대상(분석가)으로 옮아간 것으로 설명되었다. 그러한 전이가 생기는 것은 중요한 심리현상이다.

그러나 그러한 설명은 너무 폭이 좁다. 어린아이만 무력한 것이 아니라 어른 역시 무력하다. 이 무력함은 인간 실존의 조건들 자체에, "인간적 정황"에 뿌리를 두고 있는 것이다. 인간을 위협하는 많은 위험들, 죽음, 미래의 불안정, 지식의 한계들에 대해서 자각하게 되면, 그 사람은 무력감을 느낄 수밖에 없다. 개인의 이 실존의 무력감은 그의 **역사적** 무력감에 의해서 크게 증가되었다. 역사적 무력감은 소수의 선택된 사람들이 대중 착취를 확립한 모든 사회에 존재했고, 그들은 인간사회의 가장 원시적인 형태들 속에 존재했던 것과 같은,* 혹은 대립이 아니라 결속에 기반을 둔 미래의 형태들 속에 존재할지도 모를, 어떤 자연적인 민주주의 상태에서 그럴 법한 것보다 훨씬 더 대중을 무력하게 만드는 것이다.

---

* 에리히 프롬의 『인간 파괴성의 해부』에 나오는 이 주제에 관한 논의를 참조하라.

그러므로 실존적, 역사적 두 가지 이유 때문에 사람들은 많은 형태의 "마술적인 조력자들"에게 스스로를 붙들어두려고 한다. 무당, 사제, 왕, 정치적 지도자, 아버지, 교사, 정신분석가뿐만 아니라, 교회, 국가와 같은 많은 체제들이 그러한 조력자들이다. 인간을 착취하는 자들은 대체로 자신을 그러한 아버지 상으로 내보이고, 그것은 흔쾌히 받아들여진다. 사람은 자신이 두려움과 무능력 때문에 복종한다는 것을 자인하기보다는 소위 좋은 뜻을 가졌다는 사람들에게 복종하기를 택한다.

프로이트가 전이현상을 발견한 것은 그가 자신이 살던 시대의 사고의 준거체계 내에서 볼 수 있었던 것보다 훨씬 더 넓은 함축적 의미를 가지고 있다. 전이를 발견하면서 그는 인간의 가장 힘찬 노력들 중의 하나, 즉 특수한 경우의 우상 숭배(소외)를 발견했다. 그것은 인간 실존의 불확실성으로부터 유래된 노력이며, 어떤 사람, 어떤 체재, 어떤 사상을 절대적인 것으로, 즉 우상으로 옮겨놓고 그것에 복종하여 안정의 환상을 만들어냄으로써, 삶의 불안정에 대한 해답을 찾고자 하는 목적을 가진 노력이다. 역사의 진행 속에서 우상 숭배의 심리적, 사회적 중요성을 높게 평가해주기란 거의 불가능하다. 그것은 활기와 독립심을 가로막는 커다란 환상이다.

정신분석가들의 고객은 대개가 중류층과 중상류층에 속하는 자유주의자들이다. 그들에게는 종교가 더 이상 효과적인 역할을 하지 않으며, 그들은 열렬하게 지지하는 정치적 신념들도 가지고 있지 않다. 그들에게는 신도, 황제도, 교황도, 랍비도, 혹은 카리스마적인 정치적 지도자도 빈 공동을 채워주지 않는다. 정신분석가는 구루guru, 과학자, 아버지, 신부 혹은 랍비를 뒤섞어 놓은 사람이 된다. 그는 힘든 일을 요구하지 않는다. 그는 친절하다. 그는 삶의 모든 실제적인 문제들—사회적, 경제적, 종교적, 도덕적, 철학적 문제들—을 심리적인 문제들로 용해시켜놓는다. 그리하여 그는 그런 문제들을 근친상간적 욕망, 부친 살해 충동, 혹은 항문 고착을 합리화시키는 위치로 격하시킨다. 이러한 부르주아적 미니 우주로 격하되면 세계는 단순하고, 설명될 수 있고, 다루기 쉬운 것으로 변한다.

종래의 분석이 가진 또다른 위험은 환자가 흔히 변화되기를 원하는 척만 할 뿐이라는 사실에 있다. 그에게 잠들기가 힘들다든가, 성적 무능, 권력자들에 대한 두려움, 이성관계에서의 불행, 막연한 울적한 느낌 등과 같은 귀찮은 증세들이 있다면 그는 당연히 그 증세들을 없애고 싶어할 것이다. 누군들 그렇지 않겠는가? 그러나 그는 성장하고 독립하는 과정에 따라오기 마련인 아픔과 고통을 체험하고 싶어하지 않는다. 그는 어떻게 그 딜레마를 푸는가? 그는 "기본적인 룰"—마음에 떠오르는 것을 무엇이든 검열하지 않고 말하는 것—만 지킨다면 아픔 없이, 더 나아가 노력 없이도 치유될 것이라고 기대한다. 간단하게 말하자면, 그는 "이야기한다는 것에 의한 구원"을 믿는 것이다. 그러나 그런 것은 없다. 노력 없이 그리고 고통과 불안을 기꺼이 체험하겠다는 마음 없이는 아무도 성장하지 못하고, 사실상 누구도 성취할 만한 가치가 있는 어떤 것도 성취하지 못한다.

종래의 정신분석이 가지고 있는 또 하나의 위험은 사람들이 조금도 예기치 않은 어떤 것이다. 그것은 정서적 체험의 "대뇌화 cerebralization"이다. 프로이트의 의도는 분명히 그와 정반대의 것이었다. 그는 인습적인 의식적 사고과정을 뚫고 들어가, 백주白晝의 사고의 매끄러운 표면 뒤에 가려져 있는 체험과, 날것이고 합리화되지 않은 비논리적 느낌들과 환영들에 도달하기를 원했다. 그는 실제로 최면상태, 꿈, 증상을 보여주는 언어, 그리고 대개는 눈에 띄지 않는 수많은 작은 사소한 태도들에서 그것을 찾아냈다. 그러나 정신분석학의 실제에서 원래의 목적은 시들어버리고 하나의 이데올로기로 변했다. 정신분석학은 점점 더 이론적 설명들과 해석들로 잔뜩 짐지워진, 한 개인의 발전과정에 대한 일종의 역사적 연구로 변형되었다.

분석가는 많은 이론적 가정들을 가졌고, 환자의 연상들을 자신의 이론이 옳다는 것을 증명하기 위한 증거문서로 삼았다. 그 학설의 진실을 확신했기 때문에 분석가는 성의를 다했고, 그리고 다름 아니라 그 이론에 딱 맞기 때문에 피분석자가 제공하는 자료들은 깊은 의미를 가진, 진짜인 것에 틀림없다고 믿었다. 그 방법은 점점 더 **설명**의 방법으로 변했다. 여기 전형적인 실례가 하나 있다. 충동적으로 먹어대는 버릇 때문에 생긴 비만으로 고생하는 한 환자가 있다. 분석가는 그녀의 먹으려는 충동과 그에 따라 살이 찌는 것을, 자기 아버지의 정액을 삼키고 아버지를 통해서 임신하려는 무의식적 욕망에 뿌리를 두고 있는 것으로 해석한다. 그녀에게 그런 소망이나 환상을 가진 직접적인 기억이 전혀 없다는 사실에 관해서는 그 괴로운 어린아이 같은 문젯거리가 억눌려 있는 것이라고 설명된다. 그러나 그 이론을 바탕으로 하여 그 발단 이유가 "재구성되며", 분석의 나머지는 대개 분석자가 환자의 다음의 연상들과 꿈들을 이용하여 그 재구성이 맞다는 것을 입증하기 위한 시도가 된다. 환자가 그 증상의 의미를 완전히 "이해하면" 그것으로부터 치유된다고 가정하는 것이다.

이런 종류의 해석방법은 기본적으로 해명에 의한 치료를 목적으로 한 것이다. "**어째서** 그 신경증세가 생겼는가?" 하는 것이 중대한 문제가 된다. 환자는 연상을 계속하라는 요구를 받고, 분석가는 그 증세의 발단 이유에 대한 연구에 지적으로 몰두한다. 경험에 입각한 방법이 되도록 의도된 것이 하나의 지적 연구로 변형된—이론상으로는 아니라도, 사실상—것이다. 이론적 전제들이 옳다고 할지라도, 그러한 방법은 다른 여느 암시방법들이 가져다주는 것과 같은 변화 외의 다른 변화들로 이어질 수 없다. 어떤 사람이 상당한 시간 동안 분석을 받다가 이런저런 이유가 그의 신경증의 원인이라는 말을 들으면 그는 그렇다는 것을 쉽게 기꺼이 믿고 근본 원인을 발견했으므로 치료되었다는 믿음을 바탕으로 하여 자신의 증세를 떨쳐버릴 수 있다. 이 메커니즘은 너무도 자주 보는 것이어서 환자가 자기가 약을 먹은 것인지 아니면 플라세보(환자를 안심시키기 위해서 주는 가짜 약/역주)를 먹은 것인지 알아차리지 못하게 한 것이 아닌 한, 그리고 환자뿐만 아니라 의사 역시 모르게 한 것이 아닌 한―의사 자신도 자기가 기대하는 것에 영향받지 않도록 해두기 위해서("이중 블라인드 테스트double-blind test)―어떤 과학자도 하나의 증세가 치유된 것이 그 약의 복용 때문인 것으로 받아들이려고 하지 않을 것이다.

오늘날에는 지성화intellectualization의 위험이 훨씬 더 커졌다. 자기 자신의 정서적 체험으로부터의 소외가 만연하여 자신과 나머지 세계에 대해서 거의 전적으로 지성적으로만 접근하게 되기 때문이다.

종래의 틀에 박힌 정신분석학의 실제 작업에 내재된 위험들에도 불구하고, 40여 년간의 실제적인 정신분석의 작업 끝에 나는 제대로 이해되고 실천되는 정신분석은 인간을 돕기 위한 한 수

단으로서 커다란 잠재력이 있음을 그 어느 때보다도 더욱 확신하고 있다는 것을 고백하겠다. 이것은 정신분석학의 전통적 영역, 즉 신경증의 치료에도 똑같이 해당되는 말이다.

그러나 우리가 여기서 일차적으로 관심을 가지는 것은 신경증 요법으로서의 정신분석이 아니라, 어떤 **새로운 기능**의 분석이고, 그것을 나는 **초치료적 분석**이라고 부른다. 이것은 치료적 분석으로부터 시작할 수는 있지만 증세가 치유되었을 때에도 중단되지 않고, 치료를 넘어서는 새로운 목적으로 나아간다. 아니면 그것은 풀어야 할 아무런 중요한 정신 병리학적 문제들이 없는 곳에서 초치료적 목적으로부터 출발할 수도 있다. 중요한 것은 그 목적이 환자에게 "정상正常"을 되찾아주는 것 이상의 것이라는 점이다. 이 목적은 프로이트가 치료 전문의였던 한에서는 그의 심중에 없었던 것이지만, 그렇다고 사람들이 추정하는 것만큼 그렇게 그에게 낯선 것도 아니었다. 그의 치료 목적은 환자를 "정상적인" 기능(일하고 사랑할 수 있는 것)에 적응시키는 것이었던 반면에 그의 커다란 야망은 치료 분야에 있지 않고, 깨달음이 취할 수 있는 마지막 단계, 즉 불합리한 열정들에 대한 자각과 제어를 기반으로 한 어떤 계몽운동을 일으키는 데 있었다. 이 야망은 아주 강한 것이어서 프로이트는 종종 한 사람의 과학자로서가 아니라, 자신의 "운동"으로써 세계를 정복해야 하는 정치적 지도자 노릇을 했다.*

134

초치료적 목적은 최대의 자기 인식에 의한 인간의 자기 해방, 행복과 독립의 성취, 사랑할 수 있는 능력, 비판적이고 탈환상적인 사고, 소유가 아닌 존재이다.

초치료적("휴머니즘적") 정신분석은 프로이트 이론들 중의 몇몇, 특히 리비도 이론이 인간 이해를 위해서는 너무도 작은 기반이라고 재해석한다. 초치료적 정신분석은 성性과 가족에 중점을 두지 않고, 인간 실존의 특정한 조건들과 사회구조가 가족보다 더 근본적인 중요성을 가지며, 인간에게 동기를 부여하는 열정들은 본래 본능적인 것이 아니며, 실존적, 사회적 조건들의 상호작용에 의해서 형성된 "제2의 본성"이라고 주장한다.

과거에 나는 더러 "휴머니즘적" 정신분석학이라는 용어를 사용했다가 그 뒤에 그것을 집어치웠는데, 그 이유는 한편으로는 그 용어가 나와 관점이 다른 심리학자 집단에게로 넘어갔기 때문이고, 또 한편으로는 내가 정신분석학의 새로운 "학파"를 세운다는 인상을 피하고 싶었기 때문이다. 정신분석학 학파들에 관해서 말하자면, 그것들은 정신분석학의 이론적 발전과 그 개업의들의 능력에 해를 끼친다. 프로이트 학파의 경우에 그것이 분명하게 드러난다. 나는 자신의 추종자들을 공동의 이데올로기

---

* 에리히 프롬, 『지크문트 프로이트의 사명(*Sigmund Freud's Mission*)』(Haper & Bros., 뉴욕, 1959) 참조. 또한 과학적이고 인간적인 관심보다 정치적인 관심이 더 우세하여 충격을 주는, 프로이트가 융에게 보낸 편지들도 참조하라. W. 맥가이어 편집, 『프로이트/융 서신(*The Freud/Jung Letter*)』(프린스턴 대학교 출판부, 프린스턴, 1974).

로 하나로 묶어놓아야 했기 때문에 프로이트가 자기 이론들을 바꾸는 데 방해받았던 것이라고 믿는다. 그가 기본적인 이론적 입장을 바꾸었더라면, 그는 자신의 추종자들에게서 그들을 하나로 뭉치게 하는 교리를 빼앗는 꼴이 되었을 것이다. 더 나아가 그 "학파"와 그 학파의 승인은 거기에 속한 구성원들에게 파괴적인 효과를 미쳤다. 정식 "임명을 받는 것"은 많은 사람들에게 배우고자 하는 더 큰 노력을 하지 않고도 자기가 하는 일에 유능하다는 기분을 느끼는 데에 필요한 정신적인 원조가 되어주었다. 나는 정통 학파에 해당되는 말이 나머지 모든 학파들에도 해당된다는 것을 보았다. 그 결과 나는 정신분석학 학파들의 형성은 바람직하지 않으며 교조주의와 무능으로 이어질 뿐이라는 확신을 가지게 되었다.*

기술적 절차들 또한 다르다. 초치료적 정신분석이 더 능동적이고 직접적이고 도전적이다. 그럼에도 불구하고, 기본적인 목적은 고전적 정신분석학의 그것이다. 무의식적인 노력들을 벗겨내고, 저항, 전이, 합리화를 인식하고, 무의식을 이해하기 위한 "왕도"로서의 꿈들을 해석하는 것이다.

이 설명에 한 가지 유보조건을 덧붙여야겠다. 최선의 성장을 추구하는 사람 역시 신경증세들이 있을 수 있고, 따라서 치료법

---

* 이러한 이론적 견해들은 나의 많은 저술들에서 다루어졌다. 가장 간략한 설명은 『인간 파괴성의 해부』에서 찾아볼 수 있다.

으로서의 분석이 필요할 수 있다. 완전히 소외되지 않은 사람, 아직도 민감하고 느낄 줄 아는 사람, 고귀함의 감각을 잃지 않은 사람, 아직 "팔려고 내놓은" 물건이 아닌 사람, 아직도 다른 사람들의 고통 때문에 괴로워할 수 있는 사람, 소유양식의 삶을 완전히 익히지 않은 사람—요컨대 여전히 사람으로 남아 있으며 물건이 되지 않은 사람—은 오늘날의 사회에서 외로움과 무력감과 고립감을 느끼지 않을 수 없다. 그는 자신의 제정신까지는 아니더라도, 자신과 자신의 확신들을 회의하지 않을 수 없다. 그가 자신의 "정상적인" 동시대인들의 삶에는 없는 기쁘고 명랑한 순간들을 체험할 수 있다고 하더라도, 그는 괴로워할 수밖에 없다. 드물지 않게, 그런 사람은 병든 사회에 적응하려고 애쓰는 병든 사람이 앓는 판에 박힌 신경증보다는, 제정신이 아닌 사회에서 사는 제정신을 가진 사람의 처지로부터 기인하는 신경증을 앓게 될 것이다. 분석을 통해서 더 멀리 나가는, 즉 더 큰 독립과 생산력을 향해서 성장해가는 과정에서, 그의 신경증적 증세는 저절로 치유될 것이다. 결국 모든 형태의 신경증이 걸맞게 산다는 문제를 해결하는 데 실패했다는 것을 보여주는 표시인 것이다.

12

자기 분석

자신의 무의식의 탐구가 명상의 한 부분이 되어야 하는 것이라면, 어느 한 사람이 자신의 명상 수행의 한 부분으로서 자기 자신을 분석할 수 있는가 없는가 하는 물음이 생긴다. 분명히 그것은 아주 어렵고, 그래서 능력 있는 분석가와 함께하는 분석작업을 통해서 자기를 분석하는 작업으로 안내받는 것이 차라리 낫다.

대답해야만 할 첫 번째 질문은 어떤 분석가가 이런 종류의 초치료적 분석에 적임인가 하는 것이다. 분석가 자신이 초치료적 목적을 가지고 있지 않다면 그는 환자가 원하고 필요로 하는 것을 거의 이해하지 못할 것이다. 스스로 그런 목적을 이룬 분석가여야만 하는 것은 아니지만, 그런 목적을 향해 나아가는 분석가라야 한다. 이 목적을 추구하는 분석가들의 숫자는 상대적으로

적으므로 그러한 분석가를 찾기가 쉽지 않다. 여기서는—꼭 치료적인 이유들 때문에 한 분석가를 고를 때와 마찬가지로—한 가지 규칙을 지켜야만 한다. 그것은 그 심리분석가를 잘 아는 사람들(환자들, 그 사람의 동료들)을 통해서 그 분석가를 철저히 조사해야 하고, 유명인들이나 인상적인 사무실을 장점으로 믿지 말고, 그 분석가를 우상으로 삼은 환자들의 열광적인 말들에도 역시 회의적이어야 하며, 처음의 한 번, 두 번, 심지어 열 번까지도 만남을 통해서 그 분석가의 인상을 정리해보려고 노력해야 하고, 그가 당신을 지켜보기로 되어 있는 것만큼 당신 편에서도 세밀하게 그를 관찰해야 한다는 것이다. 몇 년 동안 "엉뚱한" 분석가와 함께 작업한다는 것은 몇 년 동안 엉뚱한 사람과 결혼생활을 하는 것만큼 해로울 수 있다.

분석가가 어느 "학파" 출신인가에 관해서는 그것 자체는 별것 아니다. "실존주의적" 정신분석가들이 인간적인 목표들의 문제에 더 많은 관심을 가졌다고 하고, 더러는 그렇다. 그러나 또 더러는 별로 이해하지 못하고, 단순히 후설, 하이데거, 혹은 사르트르에게서 따온 철학적인 특수용어를 하나의 비밀장치로 이용할 뿐 정말로 그 환자의 사람됨의 심층까지 꿰뚫고 들어가지 못한다. 융 학파 분석가들은 환자의 정신적, 종교적 욕구들에 가장 많은 관심을 기울인다는 평판이 있다. 그들 중 얼마간은 그러하다. 그러나 많은 사람들이 신화와 유추작용에 대한 열광 때문에,

그 환자의 개인생활의 깊숙한 곳까지 그리고 그의 **개인적인** 무의식 속으로까지 뚫고 들어가는 데 실패한다.

"신新프로이트 학파"가 다른 사람들보다 꼭 더 믿을 만한 것은 아니다. 프로이트 학파 분석자가 **아니라는** 것, 그것만으로는 충분치 않다! 개중에는 정말로, 내가 여기서 대충 윤곽을 말했던 것과 관련이 있는 입장으로부터 분석에 접근하는 분석가들도 더러 있지만, 깊이와 비판적 사고가 결여된 표피적인 방법으로 접근하는 분석가들이 많다. 내가 제안하는 것으로부터 가장 멀리 떨어진 학파는 아마도 정통 프로이트 학파일 것이다. 리비도 이론과 유년 시절에 대한 일방적인 강조가 그들을 가로막고 있기 때문이다. 요약해서 말하자면, 나는 한 분석가의 능력은 그가 속한 학파의 문제라기보다는 그의 사람됨, 그의 성격, 그의 비판적 사고력, 그리고 그의 개인적인 철학의 문제라고 믿는다.

분석가가 사용하는 **방법**은 그라는 사람과 밀접한 관련이 있다. 우선 나는 자기 분석을 가르쳐주는 것을 목적으로 하는 분석이 오래 계속되어야 할 필요는 없다고 믿는다. 대개 일주일에 2시간씩 6개월 동안이면 충분하다. 이것은 특별한 기술을 필요로 한다. 분석가는 수동적이어서는 안 된다. 5시간에서 10시간 정도 환자의 말을 들은 뒤에 분석가는 환자의 무의식적 구조와 환자가 가진 저항력의 강도를 파악하고 있어야 한다. 그 다음에 분석가는 자기가 발견한 것들을 환자에게 들이대고 그의 반응,

그리고 특히 그의 저항을 분석할 수 있어야 한다. 더 나아가 분석가는 환자 자신이 진단할 수 있도록 안내하기 위해서 환자의 꿈들을 이용하여 처음부터 그 꿈들을 분석해야만 하며, 그 다음에는 그 꿈들에 대한 해석(나머지 다른 것들에 대한 해석과 더불어)을 환자에게 전해주어야 한다.

이 기간이 끝날 무렵에 환자는 자기 자신의 무의식에 충분히 익숙해져 있고, 자기 혼자 힘으로 분석을 계속할 수 있을 정도로 저항을 낮춘 상태가 되어서, 그의 나머지 생애 동안 계속되는 나날들의 자기 분석을 시작할 수 있게 될 것이다. 나머지 생애 동안이라고 말하는 것은 자기 자신에 대해서 아는 데에는 한계가 없기 때문이다. 그리고 지난 40년에 걸친 나날들의 자기 분석과 관련된 나 자신의 체험으로 말할 수 있는 것은, 지금까지 뭔가 새로운 것을 발견하지 못한 때나, 이미 알고 있는 것을 더 심화시키지 못한 때가 한번도 없었다는 사실이다. 그러나 특히 자기 분석의 초기에는 자신이 "스타이미stymie"(골프에서 치려는 공과 홀을 잇는 선 위에 장애물이 들어선 상태/역주)에 처하게 되면, 분석가와의 합동작업으로 되돌아가는 것이 유익할 것이다. 그러나 그것은 마지막 수단으로서 해봐야 하는 것이다. 그렇지 않다면 다시 분석가에게 달라붙고 싶은 마음이 굴뚝같아지기 때문이다.

자기 분석을 위한 준비로서의 안내 분석이 가장 바람직한 절차이다. 이 절차가 매우 어려운 것은 그 일을 해줄 수 있는 인품의 정신분석가들이 많지 않기 때문만이 아니라, 분석가들의 업무 일과가 환자를 6개월 동안 만나다가 그 다음에는 만난다고 해도 단지 가끔씩만 만나는 것과 맞아떨어지지 않기 때문이기도 하다. 이런 유형의 작업은 각별한 관심뿐만 아니라 다소 융통성 있는 스케줄을 필요로 한다. 나는 초치료적 자기 분석이 이미 널리 퍼지게 되었고, 또한 다수의 정신분석가들이 그런 종류의 작업을 전문으로 하게 되거나 아니면 적어도 그들의 작업시간의 절반을 그것에 바치게 될 것이라고 믿는다.

그러나 딱 알맞은 분석가를 찾지 못하거나, 여러 가지 이유들 때문에 그 분석가가 개업한 곳에 갈 수가 없다거나, 아니면 재정상 여유가 없다면 어떻게 할까? 그런 경우에도 자기 분석이 가능할까?

이 질문에 대한 대답은 많은 요인들에 따라서 달라진다. 무엇보다도 그것은 해방의 목적을 달성하고자 하는 의지의 강도에 달려 있다. 그리고 그런 의지 자체도, 인간의 뇌는 건강과 복지를—즉 개인과 인류의 성장과 발전을 진작시키는 모든 조건들의 성취를—추구하는 경향을 타고난다는 사실과 관련해서 말고는 효과적이 될 수 없다.* 건강을 보존하려는 이런 경향이 육체적인 생존 부문에 존재한다는 것은 잘 알려져 있거니와, 약이 할

---

* 이러한 가정에 대해서는, 『인간 파괴성의 해부』에서 내가 논한 것을 참조하라.

수 있는 것은 그러한 경향들의 효력에 장애물이 되는 것들을 제거하고 그 효력들을 거들어주는 것뿐이다. 사실 대부분의 병들은 다른 도움 없이도 저절로 치유된다. 정신적 복지의 경우에도 똑같다는 사실이 최근에 차츰 다시 드러나기 시작했다. 기술 간섭이 덜했던 시대에는 그것이 잘 알려져 있던 사실이었는데도 말이다.

자기 분석에 불리한 요인들은 장기간의 "정식regular" 분석으로도 다루기 어려운 심각한 병리상태들이다. 게다가 지극히 중요한 한 가지 요인은 그 사람의 특정한 생활환경이다. 예를 들면, 상속받은 돈이나 부모의(아내의 혹은 남편의) 돈으로 살기 때문에 자기가 생계를 꾸려가야 할 필요가 없는 사람이라면, 그는 어쩔 수 없이 일해야만 하고 그래서 혼자 지낼 여유가 별로 없는 사람보다 좋지 않은 기회를 가진다. 모든 사람들이 똑같은 결핍에 시달리는 집단 속에서 사는 사람은 자기가 속한 집단의 가치들을 정상적인 것으로 받아들이기가 수월하다. 또 한 가지 부정적인 조건은 자신의 신경증적 특성을 하나의 자산으로 삼아 생활하고 그래서 내면적 변화가 일어나면 생계가 위협받게 되는 경우이다. 여기서 생각할 수 있는 것은 자기 도취가 성공의 필수적인 조건인 연예인이나 배우, 혹은 자신의 복종적 태도를 버리면 직업을 잃게 될 수 있는 관리들이다. 마지막으로 그 사람의 문화적, 정신적 조건이 매우 중요하다. 철학적, 종교적, 비판적 정치

사상과의 접촉이 있는가, 그가 속한 환경과 사회계급이 가진 문화적으로 규격화된 관점을 넘어서본 적이 있는가에 따라서 커다란, 종종 결정적인 차이가 나기 때문이다. 그리고 마지막으로, 단순한 지성 자체는 결정적인 요인으로 보이지 않는다. 때때로 지적 탁월함은 저항의 목적에 이바지할 뿐이다.

13

자기 분석의 방법들

자기 분석을 배우는 방법에 대해서 완전하게 쓰려면, 그 자체만으로도 한 권의 책이 필요할 것이다. 그러므로 여기서는 몇 가지 간단한 제언들로 그칠 수밖에 없다.

자기 분석을 시작할 수 있으려면 가만히 있는 법, 느긋하게 앉아 있는 법, 명상하는 법을 먼저 배웠어야만 한다. 이러한 우선적인 조건들이 이루어지면—최소한 어느 정도라도—결코 배타적이지는 않은 다른 여러 방법들로 나아갈 수 있다.

1) 움직이지 않는 법을 시도하는 동안에 끼어들어오던 생각들을 기억해내고, 그 생각들이 어떤 연관성을 가지는지, 그리고 그 연관성이 어떠한 것인지 알아볼 목적으로 "그 생각들 속으로 더듬어 들어가려" 시도해볼 수 있다. 아니면 피곤함(잠을 충분히 잤음에도 불구하고), 울적함 혹은 분노감 같은 특정한 증상들을 관

찰하는 것으로 시작하여, 그것이 무엇에 대한 반응인지, 드러난 그런 느낌 뒤에 숨겨진 무의식적 체험이 무엇인지 "두루 느낄feel around" 수 있다.

내가 "생각한다"고 말하지 않는 것은 의도적인 것이다. 이론적인 사고를 통해서 어떤 대답에 이르는 것이 아니기 때문이다. 고작해야 이론적 공론에나 다다를 뿐이다. "두루 느낀다"는 내 말뜻은 있을 수 있는 다양한 느낌들을 상상으로 "맛본다"—그러한 것에 성공한다면, 예를 들면, 피곤함의 의식적 체험의 원인을 이루는 것으로서의 어떤 실감實感이 분명하게 나타날 것이다—는 것이다. 한 가지 예를 들어보자. 그렇게 피곤했던 이전의 경우들과 그 뒤에 자신이 그 이유를 알아차리게 되었던가를 상상해보려고 한다. 피곤함의 밑바닥에 있을 수 있는 몇 가지 가능성들을 상상해본다. 직면하는 대신에 그것을 미루고자 애썼던 어려운 일, 친구 혹은 사랑하는 사람에 대한 양면적인 감정, 가벼운 우울증을 일으킬 정도로까지 자신의 자기애에 상처를 주었을지도 모를 어떤 비판, 진정에서 우러난 것이 아니면서도 자신이 다정한 체했던 누군가와의 만남 등이 그러한 가능성들이다.

보다 복잡한 실례는 다음과 같은 것이다. 한 남자가 한 여자와 사랑에 빠졌다. 몇 달 지난 뒤에 갑자기 그는 피곤하고 우울하고 맥 빠지는 기분이 된다. 그는 그 상황을 합리화시켜주는 온갖 설명들, 즉 자기 일이 잘 풀리지 않는다든가(이것은 실은 그의 피곤함을 야기하는 바로 그 요인 때문에 생기는 것일 수 있다), 아니면 자기가 정치적 사태들에 실망해서 울적해졌다든가 하는 것들을 이유로 찾아보려고 애쓴다. 아니면 심한 감기에 걸리고 그래서 만족할 만한 대답을 찾을지도 모른다. 그러나 그가 자기 자신의 감정들에 민감하다면, 그는 최근에 자신이 걸핏하면 하찮은 일들에서 여자친구의 흠을 찾고, 그녀가 얼굴이 못생겼고 자기 몰래 바람을 피우는 꿈을 꾸었다는 것을 깨달을지도 모른다. 아니면 언제나 그녀를 몹시 만나고 싶어했는데, 이제는 그녀를 만날 계획들을 미룰 수 있는 이유들을 찾게 되었다는 것을 알아차릴 수도 있다. 이러한 것들과 다른 많은 사소한 조짐들은 그녀와의 관계에서 무엇인가가 잘못되어가고 있음을 가리키는 것들일 수 있다. 그가 그런 느낌에 집중한다면 그는 자신의 그녀에 대한 심상心象이 달라졌으며, 그녀에게서 느끼는 로맨틱한 성적 매력이 처음 꽃피어나던 때에는 자신이 어떤 부정적인 특징들을 알아차리지 못했었는데, 그녀의 다정한 미소가 이제는 계산된 그리고 사실은 차가운 미소로 보인다는 것을 갑자기 깨닫기 시작할 것이다.

그는 어떤 방에 들어서서, 그녀가 자기를 보기 전에 다른 사람들에게 이야기하는 모습을 지켜보았던 어느 저녁부터 자신의 그러한 판단의 변화가 시작되었음을 알 수 있을 것이다. 그 순간에 그는 거의 구역질이 날 뻔했지만, 그 느낌을 "신경병적인" 곧

불합리한 것으로 밀쳐버렸다. 그러나 그 다음날 아침 그는 우울한 기분으로 깨어났고 지금까지 몇 주일 동안 그런 기분에 시달려왔던 것이다. 그는 새로운 자각과 그의 의심들을 억누르려고 애써왔다. 의식적 생활의 무대에서는 여전히 사랑과 애모의 각본이 연기되고 있었던 것이다. 그 갈등은 좌절된, 활기 없는, 우울한 느낌과 같은 간접적인 형태로만 나타났다. 그것은 기쁘고 정직한 마음으로 연애를 밀고나갈 수도 없었고 이별할 수도 없었기 때문이고, 자신의 감정상의 변화에 대한 자각을 억눌러왔기 때문이다. 일단 눈이 뜨이면 그는 자신의 현실감각을 되찾고, 자신이 느끼는 것을 분명하게 보고, 진정한 고통과 함께—그러나 우울하지는 않게—그 관계를 끝낼 수 있을 것이다.

여기 한 증세의 분석에 대한 또다른 실례가 있다. 40대의 한 독신남자가 집을 나설 때마다 강박관념적인 두려움을 겪는다. 가스 스토브를 끄지 않았을 것이라는, 그래서 불이 나서 집 전체를 특히 그의 소중한 서재를 태워버릴 것이라는 두려움이다. 그 결과 그는 집을 나설 때마다 꼭 집으로 되돌아가야 할 것 같은 기분을 느끼게 되는데, 이것은 분명 그의 정상적인 활동을 혼란에 빠트리는 강박충동이다.

그 증세에 대해서는 간단한 설명이 있다. 거의 5년 전에 그는 암 수술을 받았다. 수술을 맡았던 의사는 모든 것이 잘 되었지만 다음 5년 동안 악성세포들이 번질 가능성이 있는데, "그러면 악성세포들은 불처럼 번져갈 수 있다"는 말을 무심코 입 밖에 냈다. 남자는 그 가능성이 너무도 무서워서, 자신이 자각하지 못하도록 그 생각을 철저히 억눌렀고, 그 대신에 그것을 자기 집에 불이 번질지도 모른다는 두려움으로 바꾸어놓은 것이었다. 불안하기는 하지만 그 두려움이 암의 재발에 대한 두려움보다는 훨씬 덜 괴로웠던 것이다. 억눌린 두려움의 내용물이 의식 위로 떠오르자 불 강박관념은 암에 대한 두려움을 되살려놓지 않은 채 사라졌다. 물론 그때쯤에는 수술한 지 거의 5년이 지났고, 그 이상의 합병증의 위험도 크게 줄었다는 것이 큰 도움이 되었다.

이런 "의식화" 과정은 그 내용 자체는 전혀 즐거워할 것이 아니라도 대개 안도감, 심지어 기쁨까지도 함께 가져다준다. 게다가 새로 발견된 그 요소가 어떤 것이든 간에 "두루 느끼는 것"으로써 그것을 따라가보면, 바로 그날 아니면 다음에, 어떤 새로운 발견들 혹은 부산물들에 이르기가 십중팔구이다. 중요한 것은 복잡한 이론적 공론들을 이야기하는 함정에 빠지지 않는 것이다.

2) 다른 한 접근법은 자유연상의 방법과 일치하는 것이다. 이제까지는 자신의 자각에 들어 있지 않았던 어떤 요소들이 전면에 나타날 때까지 생각의 통제를 그만두고, 자신의 생각들이 들어오도록 허용하고, 그 생각들 사이의 숨겨진 관련과 줄줄이 이어지는 생각들을 그만하고 싶어지는 저항의 거점들을 발견하겠다는 목적을 가지고 그 생각들을 꼼꼼히 조사하려고 애쓴다.

3) 또다른 접근법은 자서전적 접근법이다. 내가 말하는 자서전적이라는 것은, 자신의 유년 시절로부터 시작하여 스스로 전망해보는 미래의 전개로 끝나는 자신의 역사에 관한 사색을 뜻한다. 당신의 중대한 사건들, 당신의 어린 시절의 두려움, 희망, 실망, 사람들에 대한 그리고 당신 자신에 대한 믿음과 신뢰를 줄어들게 만들었던 일들을 마음에 그려보는 것이다.

다음과 같은 것들을 자문해본다. 나는 누구에게 의지하는가? 나의 큰 두려움들은 무엇인가? 나는 태어날 때 무엇이 되도록 되어 있었나? 나의 목표들은 무엇이었으며, 그것들이 어떻게 변했는가? 내가 잘못된 방향으로 들어서서 잘못된 길로 가게 되었던 세 갈래 길은 무엇이었나? 그 잘못을 고치고 올바른 길로 돌아가기 위해서 나는 무슨 노력을 했나? 나는 지금 누구이고, 만일 내가 언제나 옳은 결정을 하고 결정적인 잘못들을 피했다면 나는 누가 되어 있을 것인가? 오래 전에 내가 되고자 했던 것은 누구인가, 지금은, 그리고 미래에는? 나 자신에 대한 나의 이미지는 어떤 것인가? 다른 사람들이 나에 대해서 가졌으면 하고 바라는 이미지는 어떤 것인가? 그 두 이미지 간의, 그것들 간의 그리고 동시에 내가 나의 진정한 자아라고 느끼는 것과의 차이는 무엇인가? 내가 계속 지금 살고 있는 것처럼 산다면, 나는 무엇이 될 것인가? 일어났던 대로의 사태는 어떤 조건들 탓인가? 지금 내게 열려 있는 더 이상의 발전을 위한 대안책들은 무엇인가? 내가 택하는 가능성을 실현하기 위해서 나는 어떻게 해야만 하는가?

이러한 자서전적 조사는 정신분석을 이론화시키는 용어들을 사용한 추상적인 구문들로 이루어져서는 안 되고, 이론적 사고들은 최소한으로 줄인 채, "보고", 느끼고, 상상하는 경험적 차원에 머물러야만 한다.

4) 자서전적 접근법과 긴밀하게 연관되어 있는 것은 우리의 의식적인 생활의 목표들과, 우리가 자각하고 있지 않지만 우리의 생활을 결정하는 목표들 간의 불일치를 드러내고자 하는 접근법이다. 대다수의 사람들의 경우에, 두 가지의 그러한 플롯이 있다. 의식적인 말하자면 "공식" 플롯, 이것은 우리의 행동을 지배하는 비밀 플롯을 위한 커버 스토리이다. 비밀 플롯과 의식적 플롯의 불일치는 많은 고대 그리스 극들에 나타나고, 그 작품들 속에서 "비밀 플롯"은 "운명moira"으로 되어 있다. **운명**은 인간의 내부에 있으면서 그의 삶을 결정하는, 인간의 무의식적 플롯의 소외된 형태이다. 예를 들면 오이디푸스 극은 이 불일치를 아주 분명하게 보여준다. 오이디푸스의 비밀 플롯은 아버지를 죽이고 자기 어머니와 결혼하는 것이고, 그의 의식적인, 의도된 인생 플롯은 어떤 일이 있어도 그 범죄를 피하는 것이다. 그렇지만 비밀 플롯이 더 강하고, 그리하여 자신의 의도와는 다르게, 자기가 무엇을 하는지도 의식하지 못한 채, 그는 비밀 플롯에 따라 사는

것이다.

의식적 플롯과 무의식적 플롯 사이의 불일치의 정도는 많은 사람들 속에서 엄청나게 다양하다. 그 연속선의 한 끝에는, 완전히 자기 자신과 하나가 되고, 그래서 아무것도 억누를 필요가 없을 만큼 성장했기 때문에 아무런 비밀 플롯이 없는 사람들이 있다. 그 반대편 끝에 있는 사람들에게도 아무런 비밀 플롯이 없을 수도 있다. 왜냐하면 그 사람은 "더 나은 자기"가 있는 척하려는 노력조차 할 필요가 없을 만큼 그의 "사악한 자기"와 동일인이 되었기 때문이다. 전자는 더러 "의로운 사람", "깨어 있는 사람"으로 불린다. 후자는 많은 진단 레테르letter가 이용될 수 있는— 그러나 그들의 이해에 보탬이 되지 못한 채—심각하게 병든 사람들이다. 엄청나게 많은 사람들을 그 양 극단 사이의 연속선상에 위치시킬 수 있으나 이 중간 그룹에도 중요한 구분을 할 수가 있다. 거기에는 자기들이 실제로 얻고자 애쓰고 있는 것들을 관념화시킨 것을 의식적 플롯으로 가진, 그래서 의식적 플롯과 무의식적 플롯이 본질적으로 비슷한 사람들이 있다. 다른 사람들의 경우에는 커버 스토리가 비밀 플롯의 정반대이다. 커버 스토리는 비밀 플롯을 훨씬 더 잘 쫓아가기 위해서 그것을 숨기는 데에 이바지할 뿐이다.

두 플롯 사이에 중대한 모순이 있는 경우, 심각한 갈등, 불안정, 의심, 정력 낭비가 생기게 되는데, 그 결과 눈에 띌 정도의 증세들이 많이 나타난다. 내적 모순의 자각을 피하기 위해서, 자신의 정체성에 대한 깊은 의심에 시달리는 것을 멈추게 하기 위해서, 자신의 진정성과 성실성의 결여에 대한 어렴풋한 지각을 억누르기 위해서, 끊임없이 굉장한 에너지를 사용해야 하는데, 어떻게 그렇지 않을 수 있겠는가? 그의 유일한 대안책은 그 언짢은 상태를 계속 유지하거나 아니면 깊게 억눌려 있는 체험 층層 속으로 뚫고 들어가는 것인데, 커다란 불안에는 후자의 과정이 반드시 도움이 될 것이다.

여기 비밀 플롯에 관한 몇 가지 실례가 있다. 한 사람—내가 잘 아는데 정신분석은 해보지 않은 사람이다—이 언젠가 내게 다음과 같은 꿈 이야기를 했던 기억이 난다.

"나는 식탁으로 쓰이는 관棺 앞에 앉아 있었습니다. 그 위에 음식이 나왔고, 나는 그것을 먹었지요. 그 다음에 수많은 위대한 사람들이 자기 이름을 서명한 책을 내게 보여주었습니다. 나는 모세, 아리스토텔레스, 플라톤, 칸트, 스피노자, 마르크스, 프로이트의 이름을 보았습니다. 그리고 마지막 이름으로, 내 이름을 서명해달라는 부탁을 받았습니다. 그 책은 그 다음에는 아마도 영원히 닫히도록 되어 있었던 듯합니다."

꿈을 꾼 사람은 엄청난 야망을 가진 남자였다. 많은 지식과 명석함에도 불구하고, 그는 자기 혼자 힘으로, 그리고 다른 사람들에게서 따온 것이 아닌 아이디어들로 책 한 권을 쓰는 데에 아주 큰 어려움을 겪었다. 그는 사디스트적인 성격이었지만, 그것은 이타주의적, 급진적 사상들과 가끔씩 남에게 도움이 되는 제스처들로 가려져 있었다. 그의 꿈의 앞부분에서 우리는 얇게 가려진, 썩은 고기 애호증적 욕망을 본다. 관 위에 차려진 점심식사가 나타내는 것은 검열되지 않은 명확한 원문으로 바꾸어놓자면, 관 속에 들어 있는 시체를 먹고 싶다는 욕망이다(이것은 자주 나타나는 것으로 프로이트가 "꿈 짓dream work"이라고 불렀던 것의 한 실례인데, 이 꿈 짓은 잠재된 받아들일 수 없는 꿈 생각을, 부해하게 들리는, 겉으로 "표명된" 꿈 텍스트로 바꾸어놓는다). 이 꿈의 후반부는 아예 거의 검열되지도 않았다. 꿈꾸는 사람의 야망은 세상의 가장 위대한 사상가들 중의 한 사람이 가졌던 명성을 누리는 것이다. 그가 자기로서 철학의 역사가 끝나고 미래의 세대들에게 보탬을 줄 수 있는 위대한 사람들이 더 이상 나오지 않기를 바란다는 것에서 그의 이기심이 드러난다. 위대한 사람들의 시체를 먹는다는 이 비밀 플롯—즉 과거의 대스승들을 먹고 자라고, 바로 이 받아들임introjection으로써 자기 자신이 대스승이 된다는—은 그 자신은 알지 못하는 것이었고, 그 주위의 다른 사람들에게도 가려져 보이지 않는 것이었다. 주위 사람들은 대부분 그의 명석함과 다정함, 그리고 그의 박애사상에 감탄하고 있었던 것이다.

또다른 비밀 플롯의 개요는 잔인한 아버지로부터 어머니를 구하고, 그 어머니가 하는 찬양을 통해서 세상에서 가장 위대한 사람이 되고자 하는 것이다. 아니면 다른 한 가지는 혼자 남아 있기 위해서, 그럼으로써 자신의 허약함과 타인들에 대한 두려움의 감정을 없애기 위해서, 모든 사람들을 없애버리는 것이다. 그리고 다른 한 가지는 부유하고 강한 힘을 가진 누군가에게 애착을 가지는 것이다. 그 사람이 가진 모든 것—그의 물건들, 그의 사상과 그의 명성—을 물려받기 위해서 그의 호감을 사놓고서 그의 죽음을 기다리는 것이다. 또 한 가지는 세계를 먹을 것으로 만들어진 감옥으로 체험하는 것이다. 그 감옥의 벽들을 다 먹어치우는 것이 삶의 목적이고, 먹는 것이 인생의 목표가 되며, 먹는다는 것이 해방을 의미하는 것이 된다.

더 많은 플롯들을 덧보탤 수 있지만 무제한의 숫자는 아니다. 인간 실존에 뿌리를 둔 기본적인 욕구들에 대한 모든 응답들이 비밀 플롯이므로, 한정된 숫자밖에 없다. 인간의 실존적 욕구들의 숫자가 한정되어 있기 때문이다.

이것은 우리가 사실은 배신자, 거짓말쟁이, 사디스트라는 것을, 그리고 그것을 가리고 분명하게 드러나는 행동으로 실행하지 않을 뿐이라는 것을 의미하는 것일까? 정말로 이는 그런 것을 의미하는 것일 수 있다. 만일 배신하고, 거짓말하고, 남을 괴롭히는 것이 우리 자신 안에 들어 있는 가장 압도적인 열정이라면 말이다. 그리고 바로 그런 경우인 사람들이 소수인 것만은 아니다. 바로 이런 사람들은 그러한 것들을 발견하고자 하는 충동을 조금도 지니지 않을 것이다. 그러나 다른 많은 사람들의 경우에는 그러한 억제되어 있는 경향들이 압도적이지 않다. 의식 위로 떠오르게 되면, 그것들은 그와 반대되는 열정들과 갈등을 일으키게 되고 그리하여 그 뒤에 이어지는 싸움에서 깨트려질 좋은 기회를 가지게 된다. **자각**은 그 갈등을 보다 격렬하게 하는 하나의 **조건**이지만, 단순히 우리가 이전에 억제되어 있던 노력들을 의식하게 되었다고 해서 그 자각이 그것들을 "해소시키지는" 않는다.

5) 다섯 번째 접근법은 탐욕, 증오심, 환상, 두려움, 소유욕, 자기 도취, 파괴성, 사디즘, 마조히즘, 부정직, 진정성의 결여, 소외, 무관심, 시체 선호증, 남성의 가부장적 압제, 거기에 상응하는 여성의 굴종 등을 극복하는 것, 독립, 비판적 사고의 능력, 줄수 있고 사랑할 수 있는 능력을 성취하는 것 같은, 삶의 목적들에 자신의 사고와 감정을 집중시키는 방법이다. 이 접근법은 그러한 "나쁜" 특징들 중의 어느 것이든 무의식적으로 존재하고 있음을, 그것들이 어떤 식으로 합리화되어 있는가를, 그것들이 어떻게 자신의 전체 인격 구조의 한 부분을 형성하고 있는가를, 그리고 그것들의 발달 조건들을 보여주려는 시도이다. 그 과정은 흔히 아주 괴롭고, 굉장한 불안을 야기할 수 있다. 그것은 자신이 사랑하고 있으며 성실하다고 스스로 믿을 때 자신이 종속되어 있음을 자각하게 하고, 자신이 오직 친절하고 도움을 주는

사람일 뿐이라고 믿을 때 자신의 허영심(나르시시즘)을 자각하게 하고, 다른 사람들을 위해서 그들에게 좋은 일만 하기를 원한다고 스스로 믿을 때 자신의 파괴성을 발견하게 하고, 자신이 사려 깊고 "현실적인" 것일 뿐이라고 믿을 때 자신의 비겁함을 자각하게 하고, 자신이 지극히 겸손하게 처신한다고 믿을 때 자신의 오만함을 자각하게 하고, 자신은 오직 어느 누구에게도 상처 주고 싶지 않다는 마음에 따라서 행동한 것이라고 생각할 때 자신이 자유를 두려워한다는 것을 자각하게 하고, 자신이 무례하게 굴고 싶지 않았던 것뿐이라고 생각할 때 자신이 위선적이라는 것을 자각하게 하고, 자신이 유달리 객관적인 사람이라고 믿을 때 자신이 곧잘 배반하는 사람이라는 것을 발견하게 한다. 요컨대 괴테가 표현한 대로, 우리가 "생각할 수 있는 모든 못된 짓의 장본인으로 우리 자신을 상상할" 수 있을 때에만, 정말로 그럴 때에만, 우리는 우리가 가면을 벗고서, 우리가 누구인지 자각하기 위해서 나아가고 있다는 것을 무리 없이 확신할 수 있을 것이다.

우리가 자신의 다정함 속의 자기 도취적 요소들을, 혹은 자신의 남을 잘 돕는 태도 속의 사디스트적 요소들을 발견하는 순간, 그 충격이 너무 심해서 잠시 혹은 하루 내내 자신이 아무것도 좋게 말해줄 것이 없는 완전히 무가치한 존재라고 느끼게 된다.

그러나 그 충격으로 분석을 중단하지 않고 계속한다면, 그 충격이 너무 심해서—자신에 대한 자기 도취적 기대들 때문에—
그것이 그 이상의 분석을 가로막는 저항력의 구실을 하게 될 것
이며, 자신이 발견했던 그 부정적인 노력들이 결국은 자기 내부
에 있는 유일한 추진력이 아니라는 사실을 발견할지도 모른다.
그것이 사실인 경우 그 사람은 자신의 저항력에 의해서 분석을
중단하기 십상일 것이다.

자각에 대한 앞서의 논의에서 지적했던 것처럼, 볼 수 있는 능력
과 보지 못한다는 것은 분리될 수 없는 것이므로, 자기 분석 역
시 다른 사람들의 현실과 더불어 사회적, 정치적 생활의 현실을
자각하는 데에도 관심을 가져야만 한다. 사실은 다른 사람들에
대한 인식이 흔히 자기 인식에 선행하는 것이다. 어린아이는 앞
면 뒤에 가려진 실체를 이미 희미하게 감지하면서 어른들을 관
찰하고, 그 페르소나 뒤에 가려진 그 사람을 알아차리게 된다.
어른인 우리들은 흔히 다른 사람들에게서 무의식적인 노력들을
관찰하다가 비로소 그것들을 우리 자신 안에서도 관찰할 줄 알
게 된다. 우리는 다른 사람들에게 있는 그러한 숨겨진 영역들을
알아차려야만 한다. 나 자신 속에서 일어나고 있는 것은 단지 **심
리내적인**intrapsychic 것, 따라서 나라는 인물의 네 벽 안에서 일어
나는 것만 연구함으로써 이해될 수 있는 것이 아니고, 그것은 **사
람들 사이**interpersonal에서 일어나는 것이다. 말하자면 그것은 나

자신과 다른 사람들 사이의 관계들의 그물인 것이다. 내가 나 자신을 완전히 볼 수 있는 것은 오직 나 자신을 타인과의 관계에서, 또 타인을 나와의 관계에서 볼 수 있을 때뿐이다.

끊임없이 세뇌당하고 비판적 사고능력을 빼앗기도록 되어 있지 않다면, 개인이 자기 자신을 환상 없이 본다는 것이 그렇게 어렵지는 않을 것이다. 개인은 끊임없는 암시들과 정교한 조건 형성의 방법들이 없다면, 그가 느끼거나 생각하지 않을 것들을 느끼고 생각하도록 만들어진다. 그 그럴싸한 말들 뒤에 가려진 실제의 의미나 환상 뒤에 가려진 실체를 보지 못하는 한, 그는 있는 그대로의 자신을 자각할 수 없고, 다만 자기라고 되어 있는 자기에 대해서만 알 뿐이다.

내가 아는 자기가 대개는 하나의 합성물이며, 대부분의 사람들—나 자신을 포함해서—이 거짓말을 하는 줄도 모르고 거짓말을 하며, "방어"는 "전쟁"을 의미하고, "의무"는 "복종"을, "미덕"은 "순종"을, "죄악"은 "불순종"을 의미하고, 부모들이 본능적으로 자기 자식을 사랑한다는 생각은 하나의 신화이며, 찬양할 만한 인간적 자질을 바탕으로 명성이 이루어진 것은 드물고, 심지어 실제의 업적을 바탕으로 이루어진 명성도 별로 흔치 않으며, 역사란 이긴 자들에 의해서 쓰였기 때문에 왜곡된 기록이며, 지나친 겸손이 반드시 허영심이 없다는 증거가 아니며, 사랑한다는 것은 강렬한 갈망과 탐욕의 반대이며, 모든 사람들은 못된 의도와 행동을 합리화하고 그것들을 고상하고 유익한 것으로 보이게 만들려고 애쓰며, 권력의 추구는 진실과 정의와 사랑의 박해를 의미하며, 오늘날의 산업사회의 중심을 이루는 것은, 그것이 설교하는 대로 삶에 대한 사랑과 존중의 원칙이 아니라 이기심, 소유와 소비의 원칙이라는 것을 알지 못하는 한, 내가 어떻게 나 자신에 대해서 알 수 있겠는가? 내가 살고 있는 사회의 무의식적 측면들을 분석할 수 없는 한, 나는 내가 누구인지 알 수 없다. 나의 어느 부분이 내가 **아닌지** 알지 못하기 때문이다.

다음 항에서는 자기 분석의 방법들에 관한 몇 가지 일반적인 것들을 언급하고 싶다.

자기 분석은 명상이나 집중과 마찬가지로, "기분 내키면이 아니라" 규칙적으로 해야 한다는 것이 결정적으로 중요하다. 그것을 할 시간이 없다고 말하는 사람이 있다면, 그는 단지 자기는 그것을 중요하게 여기지 않는다고 말하는 것이다. 시간이 없다면 시간을 만들 수 있다. 이것은 아주 분명히, 그가 자기 분석에 얼마나 중요성을 두고 있느냐 하는 문제이므로 시간을 만들 수 있는 방법을 설명한다는 것은 쓸모없는 일이다. 나는 자기 분석이 어떠한 예외도 허용하지 않는 하나의 의식儀式이 되어야 한다는 뜻을 나타내려는 것이 아님을 덧붙여두고 싶다. 물론 그것이 실제로 불가능한 경우들이 있기는 하지만, 그런 것은 쉽게 뛰어넘어야 한다. 전체적으로 보아 자기 분석의 과정은 마음 내키지 않는 의무적인 기분으로 하는, 그러면서도 어떤 목적을 달성하기 위해서는 어쩔 수 없이 해야 하는 강제노동의 성격이어서는 안 된다. 그것은 괴로움, 아픔, 그리고 실망감이 뒤섞여 있다고 할지라도 결과는 완전히 제쳐두고서 그 과정 자체가 그 사람을 해방시키는, 따라서 즐거운 것이어야 한다.

산을 오르는 열정에 공감하지 못하는 사람들에게는 등산이 단지 고되고 불편한 일로만 보일 것이다. 그리고 어떤 사람들은 그런 싫은 일을 자원해서 겪을 사람은 마조히스트밖에 없다고 생각한다. 등산가들은 그 노고와 과로를 부인하지 않겠지만 그것은 그의 기쁨의 일부이고, 그래서 그는 결코 그것을 놓치지 않으려고 할 것이다. "노고"가 "노고" 같지 않고 "고통"이 "고통" 같지 않은 것이다. 노동의 고통은 병의 고통과는 다르다. 중요한 것은 노고가 이루어지고 고통이 체험되는, 그리고 그 노고와 고통에 그 특유의 특성을 부여하는 전체적인 배경이다. 이것은 의무와 미덕이 엄격한 주인으로 여겨지는 서구의 전통에서는 약간 이해하기 어려운 점일 것이다. 실제로 자기가 옳은 일을 한다는 것을 보여주는 가장 좋은 증거는 그 일이 하기 싫은 일일 경우이며, 그 반대의 증거는 자기가 하고 싶어서 그 일을 하는 것이다. 동양의 전통은 엄격하고 딱딱한 고행과 느긋하고 게으른 "편안함" 사이의 양극을 우회해서 나아간다. 그것은 어떤 조화의 상태를 목적으로 하는데, 그것은 구조화되어 있고, "훈련되어"(자율적인 의미에서) 있으면서 동시에 생기 있고, 융통성 있는 즐거운 상태이다.

둘이서 하는 분석과 마찬가지로 자기 분석에서도 아주 처음부터 알아야만 하는 한 가지 골칫거리가 있다. 그것은 말로 표현하는 것이 미치는 효과이다.

내가 아침에 깨어나 푸른 하늘과 빛나는 태양을 본다고 가정하자. 나는 그 풍경을 완전히 의식하고 있고, 그것이 나를 행복하고 좀더 생기 있게 만든다. 그러나 그 체험은 하늘, 그리고 하늘에 대한 나의 반응을 의식하는 것이며, "아름다운 화창한 날이구나" 등과 같은 말들은 전혀 마음에 떠오르지 않는다. 일단 그런 말들이 만들어지고, 그러면 나는 그런 말들로써 그 풍경에 관해서 **생각하기** 시작하게 되고, 그 체험은 그 강렬함을 어느 정도 잃게 된다. 그렇지 않고 기쁨을 표현하는 어떤 멜로디가, 혹은 그와 똑같은 기분을 나타내는 어떤 그림이 마음에 떠오르면, 우리는 그 체험을 아무것도 잃지 않은 것이다.

느낌의 자각과 느낌의 표현 사이의 경계선은 아주 유동적이다. 완전히 말로 표현되지 않는 체험이 있고, 그것과 가깝게 한 마디의 말이 한 개의 꽃병처럼 나타나는 체험이 있다. 그 꽃병은 그 느낌을 "담고" 있으면서도 담고 있지 않다. 느낌이 끊임없이 흘러나와 꽃병 밖으로 넘쳐흐르기 때문이다. 그 말-꽃병은 악보

위의 한 음표와 더 흡사하다. 음표는 음律을 위한 기호이지 음 자체는 아니다. 그 느낌은 훨씬 더 밀접하게 그 말과 결합되겠지만 그 말이 아직 "살아 있는 말"인 한, 그것은 그 느낌에 별로 해를 끼치지 않는다. 그러나 어느 지점에 가서인가, 말은 그 느낌으로부터 또한 말하는 사람으로부터 분리되고, 그때에 말은 다만 소리들의 결합체로서의 실체를 제외하고서는 자신의 실체를 잃게 된다.

많은 사람들이 그러한 변화를 체험한다. 그들은 어떤 강렬한, 아름다운―혹은 무서운―체험을 의식한다. 하루 뒤 그것을 말로 옮겨 회상해보고 싶을 때 그들은 그 느낌을 정확히 묘사하는 한 문장을 말하지만, 그 문장은 그들에게 낯설게 들린다. 마치 그것이 전적으로 머릿속에만 들어 있는 것처럼 그 일이 일어났을 때에 느꼈던 것과는 아무런 관련도 없는 것처럼 느껴진다.*
그런 일이 생기면 무엇인가가 잘못되었다는 것을, 그리고 자신이 내적 실체를 자각하기보다는 말장난을 부리기 시작했다는 것을 알아차려야만 한다. 그리고 느낌을 대뇌화大腦化하도록 자신에게 선동질하는 그 저항력을 분석하기 시작해야 한다. 느낌들에 대한 그러한 생각들은 끼어들어 방해하는 다른 여느 생각

---

* 이 과정은 헤겔과 마르크스 용어로 "외화(Entausserung)"로 표현되는 과정과 일치한다. 그 단어가 그 느낌과 아직 연관되어 있는 한은 외화이지만, 그 단어가 그 느낌으로부터 벗어나게 되었을 때, 그것은 "소외(Entfremdung)"로 이어진다.

들과 마찬가지로 취급해야 한다.

자기 분석은 가능한 한 똑같은 시간에 똑같은 장소에서, 매일 오전마다 적어도 30분 동안 해야 하고 외부의 방해도 가능한 한 피해야 한다. 물론 대도시의 거리는 너무도 요란스럽기는 하지만, 자기 분석은 걸어가면서도 할 수 있다. 자기 분석은, 특히 호흡과 자각 "훈련들"은, 다른 일을 하고 있지 않을 때면, 아무 때나 할 수 있다. 기다려야 한다거나, 지하철이나 비행기 안에서처럼 "아무 할 일이 없는" 때들이 있다. 그러한 경우들은 잡지를 읽거나 누군가와 이야기를 하거나, 혹은 백일몽에 잠기기보다는 이런저런 형태의 깨달음을 위해서 이용해야 한다. 일단 그런 버릇이 붙으면 "아무 할 일이 없는" 그러한 상황들이 아주 반가운 것으로 변한다. 그런 때들이 풍요롭고 즐겁기 때문이다.

자기 분석이 정신분석학적 문헌들에서 거의 연구되지 않았다는 것은 놀라운 일이다. 프로이트의 자기 분석―그것에 관해서 그 자신이 자신의 꿈 해석에서 말하고 있다―이 다른 사람들에게 똑같은 방향에서 시도해보도록 제안했을 것이라고 기대할 수 있다. 그렇지 않았다는 사실은 아마도 프로이트의 이미지가 너무도 우상화되어 아주 자연스럽게 그는 다른 어느 누구에 의해서도 분석될 수가 없었고, 그의 "깨달음"은, 말하자면 오직 그 자신의 힘에 의한 것이 되어야 했다는 가정에 의해서 설명될 수 있을 것이다. 보통 사람들의 경우와는 다르다는 것이다. 보통 사람들은 어떤 "창조자"가 없이는 존재할 수 없는데, 프로이트 자신이 혹은 그의 대리 역할을 하는 사제들이 그들을 깨닫게 해주어야 한다. 이렇게 프로이트의 사례를 마저 끝까지 따라가보지 않은 이유가 무엇이든 간에, 자기 분석을 한 가지 진짜 가능성으로서 제시했던 유일한 사람은 내가 아는 한, 카렌 호나이*뿐이다. 자신이 묘사했던 증세에서 그녀는 한 심각한 신경증적 문제와 그 해결책을 주로 다루었다. 이 맥락에서의 요점은 그녀가 그 어려움들을 분명히 알고 있으면서도 자기 분석을 열성적으로 권한다는 것이다.

하나의 가능성 있는 치료방법으로서의 자기 분석이 그렇게 홀대받아온 큰 이유는 아마도 대부분의 분석가들이 자신의 역할과 "환자"의 역할에 대해서 틀에 박힌 관료주의적 개념들을 가지고 있다는 데 있을 것이다. 일반 의학에서처럼 아픈 사람은 "환자"로 변모되고, 그가 낫기 위해서는 전문가가 필요하다는 믿음이 조장된다.** 그에게는 자기가 자신을 치료할 수 없는 것으로 되어 있다. 스스로 치유된다면 정말로 전문적인 치료자와 비전문적인 앓는 사람 사이의 그 신성한 관료주의적 차별성이 무너져버릴 것이기 때문이다. 이러한 관료주의적 태도는 "정식

---

* 카렌 호나이, 『나를 다 안다는 착각(*Self-Analysis*)』(W. W. Norton, 뉴욕, 1942).
** 이반 일리치, 『병원이 병을 만든다(*Medical Nemesis : The Expropriation of Health*)』(Pantheon, 뉴욕, 1976) 중, 이런 상황에 대한 비판을 참조하라.

분석"의 과정에도 역시 많은 해를 끼친다. 정식 분석에서도 분석자가 진심으로 "환자"를 이해하고자 한다면 자기 자신이 환자가 되어야 하고, 둘 중에서 자신만이 "건강하고", "정상적이고", "합리적인" 사람이라는 것을 잊어야만 한다.

자기 분석이 인기 없는 가장 중요한 이유는 아마도 그것이 몹시 어렵다는 생각 때문일 것이다. 둘이서 하는 분석에서는 분석자가 상대방의 합리화, 저항, 자기 도취에 상대방의 주의를 돌릴 수 있다. 자기 분석에서는 계속 맴을 돌거나 자기가 그러는 줄도 알아차리지 못한 채 자신의 저항력과 합리화에 저버릴 위험이 있다. 정말로 자기 분석이 어렵다는 것은 부인할 수 없는 사실이다. 그러나 잘 살기 위한 다른 모든 길들도 그러하다. 그 어려움을 스피노자보다 더 간결하게 표현한 사람은 없다. 『에티카Ethica』말미에서 그는 이렇게 말한다. "내가 이제까지 설명했던 것처럼 여기로 이어지는 길이 몹시 어려워 보임에도 불구하고 그 길은 찾을 수 있다. 그 길은 좀처럼 발견되지 않으므로 분명히 어려운 것임에 틀림없다. 구원이 손에 넣기 쉽고 그래서 커다란 노고 없이 발견할 수 있는 것이라면, 그것을 어떻게 거의 모든 사람들이 보지 못하고 넘어갈 수 있었겠는가? 모든 고귀한 것들은 그것들이 보기 드문 그만큼 힘든 것이다."*

* 『자기를 위한 인간(*Man for Himself : An Inquiry into the Psychology of Ethics*)』(Rinehart and Co., 뉴욕, 1947)에서 에리히 프롬에 의해서 인용되었던 구절.

최후의 목적에 다다르느냐 다다르지 못하느냐가 문제라면 그 어려움 때문에 용기가 꺾일지도 모른다. 그러나 앞에서 말했던 것처럼 완벽을 갈망하는 것이 아니라면, 그 길 중 자신이 도달하는 지점에 관심이 있는 것이 아니라 올바른 방향으로 걷는다는 행위에 관심이 있다면, 그 어려움들은 그렇게 어마어마해 보이지는 않을 것이다. 무엇보다도 자기 분석은 그 모든 어려움들에도 불구하고 놓치고 싶지 않을 만큼의 내적 투명성과 행복의 증가를 가져다줄 것이다.

자기 해방을 추구하는 한 가지 유익한 방법으로서 자기 분석을 권했는데, 이 권유가 그 방법이 모든 사람들이 반드시 밟아야 하는 단계라는 것을 뜻하지 않음을 덧붙여두고 싶다. 그것은 나에게 매력적인 방법이고, 내가 다른 사람들에게 권해서 지금 그 사람들이 이용하여 이로움을 보고 있는 방법이다. 집중, 부동不動, 자각 등과 같은 똑같이 아주 유익한 방법들을 이용하겠다는 사람들도 많이 있을 것이다. 그것을 아주 잘 보여주는 실례가 파블로 카잘스Pablo Casals이다. 그는 매일 바흐와 무반주 첼로 콘체르토 중 한 곡을 연주하는 것으로 하루를 시작했다. 그것이 그에게는 자기 해방을 위한 최적의 방법이었다는 것을 누가 의심할 수 있겠는가?

그래도 자기 분석의 방법과 관련해서, 독자와 나 사이에 어떤 오해가 끼어들었을까 걱정된다. 내가 이제껏 설명해왔던 과정이 꾸준한 도덕적 발전과 고결한 삶을 위한 기반이 되어야 하는, 나날의 도덕적 양심 탐구로 오해될 수 있다. 내가 윤리적 상대주의, 자유의 독단, 그것이 무슨 가치가 있는지를 불문하고 모든 사람들이 "자기 자신의 일을 한다"는 것이 가지는 최고의 가치에 대해서 반대한다는 것이 독자의 비판이라면 나는 유죄를 인정하지 않을 수 없다. 그러나 내가 미덕과 죄악에 대한 혐오를 직선적으로 추구하는 것에 열렬한 관심이 있고, 죄 그 자체가 종종 발전의 기반 자체가 된다는 사실을 이해하지 못한다는 비난이라면, 나는 그러한 항변은 받아들이지 않겠다.

이 점을 명백히 해두기 위해서는, 자기 분석이 논의되는 근본적인 입장은 삶을 어떤 고정된 단계들의 연속이 아니라 하나의 과정으로 보는 관념이라는 사실을 독자는 명심해야 할 것이다.

죄 짓는 것에 어떤 상향 운동을 위한 씨앗이 들어 있고, 미덕 속에 부패의 씨앗이 들어 있을 수 있다. 한 신비주의 원리가 말하듯이 "내려가는 것은 올라가기 위한 것"이며, 죄 짓는다는 것은 해로운 것이 아니라 흐르지 않고 괴어 있는 것이며, 자기가 이미 이루어놓은 것 위에 그대로 머물러 있는 것이다.

내가 정정하고 싶은 또 한 가지의 있을 수 있는 오해가 있다. 자기 분석이 자기 자신에게 몰두하는 경향을 확대시키는 것처럼, 즉 자기 분석이 자신의 에고에 묶여 있는 상태를 벗어난다는 목적과 정반대되는 것처럼 들릴 수 있다. 아닌 게 아니라 그런 결과가 나올 수 있지만, 그것은 성공하지 못한 분석의 결과일 뿐이다. 자신의 에고에 너무 관심이 있는 것이 아니라 에고이즘의 뿌리를 분석함으로써 그것으로부터 자신을 해방시키기를 원하기 때문에, 자기 분석은 일종의 정화 의식儀式으로 변한다. 자기 분석은 그날의 나머지 시간 동안 자기 자신에게 최소한의 관심만 가지도록 허용하는 나날의 훈련으로 변한다. 마지막으로 자기 분석은 불필요한 것이 된다. 완전한 존재에 이르는 것을 방해하는 장애물은 이제 더 이상 없기 때문이다. 나 자신이 아직 그 상태에 이르지 못했기 때문에 나는 그것에 대해서 쓸 수가 없다.

정신분석에 관한 이 논의의 끝에 이르러서, 나는 모든 정신분석학적 지식에 해당되는 또 한 가지의 유보조건이 필요하다고 믿는다. 어떤 한 사람에 대한 정신분석학적 이해를 가지고 출발한다면, 그 사람의 **특질**, 그 사람의 전체적인 개성에 관심을 가지게 된다. 모든 세부적인 것까지, 종합적인 그의 개성을 알지 못하면, 그 특수한 사람을 이해하기 시작할 수 없을 것이다.

어떤 한 사람에 대한 관심이 보다 피상적인 차원에서 보다 심층적인 차원으로 옮아가면 그 관심은 반드시 특수한 것에서 보편적인 것으로 옮아가게 된다. 이와 같은 "보편성"은 추상적인 말이 아니고, 인간의 본능적 본성과 같은 제한된 보편성이 아니다. 그것은 인간 실존의 핵심 그 자체, "인간 조건", 그것에 따라오는 욕구들, 그 욕구들에 대한 다양한 대답들이다. 그것은 무의식의 내용이다. 그 무의식의 내용은 모든 사람들에게 공통적인 것인데 그 이유는 융Jung이 믿었던 것처럼 어떤 전통유산 때문이 아니라, 모든 사람들의 실존적 조건들의 동일성 때문이다. 그리하여 나는 "인간"이라는 주제곡의 변주곡들로서의 나 자신과 나 자신의 동료 인간을 체험하게 되고, 아마도 삶이라는 주제곡의 한 변주곡으로서의 인간을 체험하게 된다. 중요한 것은 모든 인간들의 공유점들이지 서로 다른 상이점들이 아니다. 자신의 무의식 속으로 완전히 꿰뚫고 들어가는 과정에서 사람들이 양적인 측면들에서는 상당히 다르지만 애써 얻으려고 하는 노력들의 질은 똑같다는 것을 발견하게 된다. 심층에 있는 무의식에 대한 탐구는 자기 안에 있는, 그리고 다른 모든 사람들 안에 있는 인류를 발견하는 길이다. 이 발견은 이론적 사고가 아니라 정서적 체험이다.

그렇지만 인간은 하나라는 것에 대한 강조가 일방적으로, 인간은 또한 개별자이기도 하다는 사실의 부인으로 이어져서는 안 된다. 사실 모든 사람들은 다른 누구와도 동일하지 않은 (일란성 쌍둥이는 혹시 예외일지 모르지만) 유일무이한 개별자이다. 동양 논리학의 일부인 역설적 사고만이 그 완전한 실체를 표현할 수 있게 해준다. 인간은 유일무이한 개별자이되 인간의 개별성은 가짜이며 실재하지 않는 것이다. 인간은 "이것이며 저것이고",

인간은 "이것도 아니고 저것도 아니다." 역설적인 사실은 내가 나 자신의, 혹은 다른 사람의 유일무이한 개별성을 더 깊이 체험할수록 나는 나 자신과 그 다른 사람을 통해서 모든 개별적 특성들로부터 벗어난 보편적 인간, "지위도 신분도 없는 선(禪)불교적 인간"의 실체를 더 분명하게 볼 수 있다는 것이다.

이러한 고찰들은 개인주의의 가치와 위험들, 그리고 그와 관련된 개인에 대한 정신분석학적 연구의 문제로 이어진다. 현재로서는 개성과 개인주의가 가치로서 그리고 개인적, 문화적 목표들로서 높게 평가되고 널리 찬양되고 있다는 것이 아주 분명하다. 그러나 그 개성의 가치란 대단히 양면적이다. 한편으로 그것은 한 사람의 자율적 발전을 가로막는 권위주의적 구조들로부터의 해방이라는 요소를 가진다. 자기 인식이 자신의 **진정한** 자기를 자각하는 데에, 또 권위주의적 세력들에 의해서 강요되는 "낯선" 자기를 받아들이기보다는 그 진정한 자기를 발전시키는 데에 도움이 된다면 그것은 커다란 인간적인 가치를 가진 것이다. 사실 자기 인식과 심리학의 긍정적인 측면은 아주 널리 강조되는 것이어서, 그 찬사에 더 많은 말들을 덧붙일 필요도 없는 일이다.

그러나 개성 숭배, 그리고 그것과 정신분석과의 관계의 부정적 측면에 대해서 무엇인가 말한다는 것은 지극히 필요한 일이다. 개성 숭배의 한 가지 이유는 자명하다. 개성이 사실상 사라

질수록 그것은 더욱더 말들로 찬양되는 것이다. 산업, 텔레비전, 소비 풍습은 그것들이 조종하는 사람들의 개성에 경의를 바친다. 은행의 직원 창구에는 그의 이름이 붙어 있고, 손가방에는 그의 이니셜이 새겨져 있다. 게다가 상품들의 개성도 강조된다. 본질적으로 똑같은(같은 가격대에서) 것들인 자동차들, 담배들, 치약들 사이의 소위 차이라는 것들은 개성적인 남자 혹은 여자가 자유롭게 개성적인 물건들을 택한다는 환상을 만들어내는 목적에 기여한다. 그 개성이라는 것이 기껏해야 별것 아닌 차이들로 이루어진 개성이라는 자각은 별로 없다. 모든 본질적인 특징들에서 상품들과 인간들은 모든 개성을 잃어버린 것이다.

드러나 보이는 개성들은 소중한 소유물로 귀중하게 여겨진다. 사람들은 자본은 가지고 있지 않다고 하더라도 자기들의 개성은 가지고 있다. 개별자들이 **아님에도** 불구하고 그들은 많은 개성을 가지고 있고, 그들은 그 개성을 열심히 그리고 자랑스럽게 키운다. 이런 개성은 작은 차이들로 이루어진 것이므로 그들은 그 작고 하찮은 차이들에 중요하고 의미 있는 특징들을 가진 외관을 부여한다.

현대의 심리학은 이러한 개성에 대한 관심을 조장했고 만족시켜왔다. 사람들은 자기들의 "문제들"에 대해서 생각하고, 자신의 유년의 역사에 대해서 온갖 자질구레한 것까지 이야기한다. 그러나 흔히 그들이 이야기하는 것은 덜 복잡한 옛날식 가십

대신에 정신분석학적 용어들과 개념들을 이용하여 이야기하는, 자기 자신과 다른 사람들에 대한 미화된 가십이다.

사소한 차이들을 통한 개성이라는 이런 환상을 거들면서, 현대의 정신분석학은 훨씬 더 중요한 기능을 맡고 있다. 다른 자극의 영향력 아래에서 어떻게 반응해야만 하는가를 가르침으로써 정신분석자들은 다른 사람들과 자기 자신을 조종하기 위한 중요한 도구로 변했다. 행동주의 심리학(인간이나 동물의 행동에 나타난 객관적 사실을 심리학 연구의 유일한 적정 대상이라고 주장하는 이론/역주)은 조종의 기술을 가르치는, 모든 것을 다 갖춘 하나의 과학을 창조했다. 많은 회사들이 미래의 피고용자들이 성격 테스트를 받을 것을 고용의 조건으로 삼고 있다. 자신의 개성 포장의 가치에 대해서, 혹은 자신이 파는 상품의 가치에 대해서 사람들에게 좋은 인상을 주기 위해서는 어떻게 행동해야 하는가를 개인들에게 가르치는 책들이 많다. 그런 모든 면에서 유익한 도구가 됨으로써, 현대 정신분석학의 한 분파는 현대 사회를 이루는 중요한 한 부분으로 변했다.

이런 유형의 심리학은 경제적으로 그리고 환상을 만들어내는 하나의 관념론으로서는 쓸모 있는 것이지만, 그것은 인간들의 소외를 증가시키는 경향이 있기 때문에 사람들에게 해롭다. 그것이 프로이트에 이르기까지 인도주의적 전통이 생각해냈던 대로의 "자기 인식"의 개념들을 기반으로 하는 척할 때, 그것은 사기이다.

적응 심리학과 반대되는 것은 뿌리까지 가기 때문에 급진적이다. 그것은 의식적 생각들은 대개가 환상과 거짓으로 짜인 직물이라는 것을 알기 때문에 비판적이다. 그것은 "구원하는" 힘이 있다. 그것은 자기 자신과 다른 사람들에 대한 진정한 지식이 인간을 해방시키기를 바라고, 그것이 그 사람의 행복에 도움이 되기를 바라기 때문이다. 누구든 심리학적 탐구에 관심을 가진 사람은 그러한 두 종류의 심리학은 그 이름 이상의 공통점을 별로 가지고 있지 않으며, 서로 반대되는 목적들을 따른다는 사실을 깊이 자각하는 일이 필수적이다.

제 5 부

소유의 궁극적 대상은 자기 자신을 소유하려는 것이다.
"나는 나 자신을 가지고 있다"는 것은
나는 나 자신으로 꽉 차 있다는 뜻이며,
나는 내가 가지는 것이며,
나는 나 자신인 것을 가지고 있다는 뜻이다.

14

소유의 문화에 관하여

산다는 것에는 두 가지 차원이 있다. 인간은 행동하고, 행하고, 만들고, 창조한다. 한마디로 인간은 활동적이다. 그러나 인간은 허공 속에서 활동하는 것이 아니고, 몸 없이 그리고 어떤 영적인 세계에서 활동하는 것이 아니다. 그는 **물건들**을 다루어야만 한다. 그의 활동은 생명 있는 것이든 생명 없는 것이든 **대상들**과 관련된다. 그는 그 대상들을 변형시키거나 창조한다.

그가 다루어야 하는 첫 번째 "어떤 것"은 그의 몸이다. 그 뒤에 그는 다른 어떤 것들을 다루어야만 한다. 불이나 살 집을 위해서 나무를 다루어야 하고 식량을 위해서 과일, 짐승, 곡식을 다루어야 하며 옷을 위해서 면과 양모를 다루어야 한다. 문명이 발전하면서 인간이 다루어야 하는 물건들의 세계는 몇 배로 확대되었다. 무기, 주택, 책, 기계, 자동차, 비행기가 생겼고, 인간은 그 모든 것들을 다루어야만 한다.

인간은 그것들을 어떤 식으로 다루는가? 인간은 그것들을 만들어내고, 변화시키고, 다른 물건들을 만들기 위해서 그것들을 이용하고 소비한다. 인간이 물건들 스스로 물건들을 만들어내도록 조립해놓았을 때를 제외하고서는 물건들 자체는 아무것도 하지 않는다.

물건들과 **행위들** 사이의 비율은 모든 문화마다 다르다. 현대인들을 둘러싸고 있는 물건들의 굉장히 많은 숫자와는 대조적으로, 예를 들면 어느 원시부족의 사냥꾼들이나 먹을 것을 모으는 사람들은 상대적으로 적은 숫자의 물건들을 다루었다. 연장 몇 개, 사냥을 위한 그물과 무기 몇 개, 옷은 거의 없고, 보석과 단지들이 조금 있었지만, 고정된 머무를 곳은 없었고, 음식은 썩지 않게 하기 위해서 빨리 먹어야 했다.

한 사람이 하는 **행동들**의 중요성은 그가 관계를 가진(혹은 단순히 둘러싸고 있는) **물건들**의 숫자에 대비해서 고려되어야 한다. 물론 그는 만지고, 보고, 듣는다. 그의 몸이 그렇게 만들어져 있어서 사실상 다른 선택이 없기 때문이다. 그는 식량으로 삼기 위해서 죽일 수 있는 짐승을 보며, 자신에게 위험을 알려주는 어떤 요란한 소리를 듣는다. 듣는 것과 보는 것은 생물학적 목적, 즉 존속의 목적에 기여한다. 그러나 인간은 존속하기 위해서 들을 뿐만 아니라, 생물학적으로 말하자면 아무런 특정한 생물학적 목적에도—삶의 활력, 행복, 생기의 증대라는 일반적인 목적을 제외하고는—기여하지 않는, 하나의 "사치"로서 들을 수도 있다. 인간이 이렇게 목적 없이 들을 때 우리는 **귀 기울인다**라고 말한다. 그는 새들의 노랫소리, 빗방울 후드득거리는 소리, 누군가의 따뜻한 음색, 북의 즐거운 리듬, 어떤 노랫가락, 바흐의 콘체르토에 귀 기울인다. 듣는다는 것이 단순히 생물학적으로 필요한 반응이 아닌, 초생물학적인—인간화된, 활동적인, 창조적인, "자유로운"—것으로 변한다.

보는 것도 마찬가지이다. 가장 오래된 옹기그릇이라고 할지라도 거기에 새겨진 장식들을 볼 때, 3만 년 전에 어떤 동굴 벽화에 그려진 동물들과 인간들의 움직임과, 사랑하는 사람의 얼굴의 환한 빛과, 뿐만 아니라 인간의 손으로 행해진 파괴성에 대한 공포감을 볼 때, 우리는 우리의 정신의 기어gear를, 생물학적으로 필요한 행위로부터 자유의 영역으로 이미 옮겨놓은 것이기도 하다. "동물"로부터 "인간"의 삶으로 옮겨놓은 것이다. 이것은 맛보고, 만지고, 냄새 맡는 우리의 다른 감각들에도 똑같이 해당된다. 만일 내가 내 몸이 음식을 필요로 하기 때문에 먹어야만 한다면, 그 필요의 보통 증상은 **배고픔**이다. 맛있는 음식을 즐기기 때문에 먹고자 한다면 배고픔이라기보다는 **식욕**이라고 말한다. 아주 맛난 음식은 음악과 그림이 그런 것만큼 문화적 발전의 산물이다. 후각의 경우에도 다르지 않다(계통발생학적으로 보면,

인간에게는 시각이 그러한 것과 마찬가지로, 동물에게는 후각이 제1차적 방향 감각이다). 향수의 경우처럼 즐거운 냄새를 즐기는 것은 인간이 오래 전에 발견한 것이다. 그것은 생물학적 필요성이 아니라 사치의 영역에 속한다. 촉각과 관련해서도 똑같은 차이가, 비록 덜 분명하게 식별될 수는 있지만, 의심할 바 없이 존재한다. 아마도 독자들은 그 질을 알아보려고 헝겊조각을 만지듯이 다른 사람들을 만지는 사람들과, 그들과는 대조적으로 만지는 손길이 따뜻하고 부드러운 사람들을 떠올려보기만 하면 될 것이다.

한쪽의 생물학적 필요성 및 본능적 충동(그것들은 상호보완적이다)과 다른 한쪽의 즐겁고 자유로운 감각들의 작용 사이의 차이는 모든 감각들이 참여하는 섹스 행위에서 분명하게 알아차릴 수 있다. 그리고 그것은 자유롭고, 즐겁고, 능동적인, 어떠한 생물학적 목적에도 봉사하지 않는 하나의 진정한 사치일 수도 있다. 내가 여기서 넌지시 가리키고 있는 차이는 두 종류의 행위 사이의, 즉 수동적이고 쫓겨서 하는 행위와 능동적이고 생산적이고 창조적인 행위 사이의 차이이다. 나중에 이 차이에 대해서 훨씬 더 길게 논의할 것이다.

이 지점에서 내가 강조하고 싶은 점은 물건들의 영역은 원시 시대 사냥꾼의 경우에는 오늘날의 인공두뇌학적 인간의 경우보다 무한히 더 작았던 반면에, **인간 활동**의 영역은 그러한 차이를 보이지 않는다는 점이다. 사실은 원시인이 산업인보다 더 많이 행했고, 더 많이 **존재했다**고 가정할 만한 충분한 이유들이 있다. 원시인의 상황을 짧게 훑어보기로 하자.

우선, 하지 않으면 안 되는 모든 육체적인 일을 그는 자기가 해야 했다. 그는 자기를 대신해서 일해주는 노예도 없었고, 여자들은 착취당하는 계급이 아니었다. 그에게는 자기를 대신해서 일해줄 기계도, 짐승도 없었다. 그는 자기 자신에게 의지했고, 물론 육체적인 일에 관한 한 자기 자신 외에는 아무에게도 의지하지 않았다. 그렇다고 하면 이에 대한 전형적인 반론이 제기될 터인데, 이것은 그의 육체적 활동들에 해당되는 이야기이기 때문이다. 즉 생각, 관찰, 상상, 그림 그리기, 철학적, 종교적 사색과 관련해서는, 선사시대의 인간이 기계시대의 인간보다 훨씬 더 뒤처졌으리라는 것이다. 우리는 학교교육의 증가가 지적, 예술적 활동들의 증가와 균형을 이룬다는 생각에 영향을 받기 때문에, 이 반론은 타당성이 있는 것처럼 보인다. 그러나 결코 그렇지 않다. 우리의 교육은 사색의 증가나 활동적인 상상력의 발전에 도움이 되지 않는다.*

오늘날 보통의 인간이 혼자 힘으로 생각하는 것은 아주 조금밖에 되지 않는다. 그는 학교와 대중매체에서 제시하는 자료들을 기억하고 있을 뿐이다. 그가 알고 있는 것들 중에서 자기 자

---

* 이반 일리치가 『학교 없는 사회(*Deschooling Society*)』(Harper & Row, 뉴욕, 1970)에서 논의한 학교체제에 대한 급진적 비판을 참조하라.

신의 관찰이나 사고를 통해서 알게 된 것은 사실상 아무것도 없다. 또한 그가 물건들을 사용하는 데에도 역시 많은 생각이나 기술이 필요하지 않다. 어떤 유형의 작은 기계는 아무런 기술이나 노력도 필요하지 않은데, 예를 들면 전화기가 그렇다. 또다른 유형의 기계인 자동차는 처음에 조금 배울 필요가 있지만, 얼마 뒤에 그것이 판에 박힌 일이 되었을 때에는 아주 적은 양의 개인적인 노력이나 기술밖에 필요하지 않다. 또한 현대인—교육받은 집단들까지 포함하여—은 종교적인 문제들이나 철학적인 문제들, 심지어 정치적인 문제들에 대해서도 많은 생각을 하지 않는다. 그는 보통 정치서적이나 종교서적 아니면 연사들이 그에게 제공하는 많은 상투적인 문구들 중 이것저것을 차용하지만, 자기 자신의 능동적이고 통찰력 있는 사고의 결과로서의 결론에 다다르지는 못한다. 그는 자신의 성격과 사회적 계급에 가장 잘 맞는 상투적인 문구들을 고르는 것이다.

원시인의 상황은 전혀 달랐다. 그에게는 교육기관에서 일정량의 시간을 소비하는 현대적 의미에서의 배움이 별로 없었다. 그는 어쩔 수 없이 스스로 관찰해야 했고, 자신이 관찰한 것들로부터 배워야 했다. 그는 날씨를, 짐승들의 거동을, 그리고 다른 인간들의 행동을 관찰했다. 그의 삶은 일정한 기술들을 배우는 데 달려 있었고, 그는 그것들을 "속성 교습"이 아니라, 자기 자신의 행동과 활동으로 체득했다. 그의 삶은 끊임없는 배움의 과정이다. W. S. 로플린W. S. Laughlin은 원시 사냥꾼의 정신적 활동들의 폭넓은 범위를 간략하게 그려 보여준다.

체계적인 연구들은 놀랄 만큼 적지만, 원시인들이 자연세계에 대한 지식에서 세련되었다는 가정을 위한 기록들은 풍부하다. 그 세련됨은 포유류, 유대류有袋類, 파충류, 조류, 어류, 곤충류, 식물 등으로 이루어진, 육안으로 볼 수 있는 동물학적 세계 전체를 포괄한다. 조수潮水, 기상 현상들, 천문학, 그리고 자연세계의 다른 측면들에 대한 지식 역시 잘 발달해 있었는데, 그 지식의 세련됨과 범위와 관련해서는 그리고 그들이 집중했던 분야들과 관련해서는 집단들 사이에 약간의 편차가 있다.……나는 여기서 다만 그 세련됨과 사냥 행동 체계와의 관련, 그리고 그 세련됨과 인간의 진화를 위해서 사냥이 가지는 중요성과의 관련에 대해서 언급하고자 할 뿐이다.……인간, 사냥꾼은 동물의 행동과 해부학적 구조—자기 자신의 그것까지 포함해서—를 배우고 있었다. 그는 먼저 자기 자신을 길들였고, 그 다음에 다른 동물들에게 그리고 식물들에게로 향했다. 이런 의미에서 사냥은 인간 종족에게 스스로 배우게 만들었던 배움의 학교였다(W. S. Laughlin, 1968).

문명화된 인간의 정신활동에 대한 왜곡된 평가를 보여주는 또다른 실례는 읽기와 쓰기의 기술이다. 현대인은 이 기술의 습득이 의심할 바 없는 진보의 표시라고 믿는다. 마치 문맹이 어떤 정신적 결함의 표시인 양 문맹을 없애기 위해서 대대적인 노력을 하고, 한 나라의 발전은—자동차 숫자는 별도로 하고—읽고 쓸 수 있는 사람들의 백분율로 측정된다. 그러한 가치 판단은 읽고 쓰는 기술이 사제나 학자 등의 작은 집단들의 전유물이라는 사실이나, 그러한 기술이 아예 존재하지 않는 민족들이 비상한 기억력을 가지고 있다는 사실을 무시한다. 현대인들은『베다Veda』와『불경』,『구약성서』, 그 뒤에 유대 구전口傳 등이 수백 년간 대대로 성실하게 입으로 전승되다가 비로소 글로 쓰였다는 사실을 이해하기 힘들어한다. 반대로 나는 읽고 쓸 줄 아는데도 매우 자주 읽고 쓰지는 않는 사람들—예를 들면 멕시코 농부들—이 기억력이 유별나게 좋다는 것을 관찰했는데, 그것은 그들이 적어두지 않기 **때문이다.**

누구든 자기 자신에게서 그와 비슷한 관찰을 할 수 있을 것이다. 무엇인가를 적기 시작하면 그는 더 이상 기억하려는 노력을 하지 않게 된다. 그는 그 자료를 자기 머릿속에, 말하자면 새겨놓을 필요가 없다. 양피지, 종이, 테이프 같은 보조기구에 그것들을 저장해놓았기 때문이다. 그는 자기가 써놓은 것 속에 그 내용을 안전하게 예치해놓았으므로 기억해야 할 필요가 없다고 느낀다. 기억력은 그리하여 실습 부족을 겪는다. 오늘날 사람들이 작은 양이라도 능동적으로 생각하는 것을 얼마나 피하고 싶어하는가를 관찰할 수 있을 것이다. 예를 들면, 가게의 점원은 자기가 직접 계산하는 대신 세 자리 숫자들을 기계로 덧셈한다.

원시인들의 활동이 더 광범위했다는 것에 대한 똑같은 근거를 미술에서도 볼 수 있다. 약 3만 년 전의 원시 사냥꾼들과 채집인들은 동물들과 인간들로 이루어진 뛰어난 풍경화를 그렸고, 그중 일부는 프랑스 남부와 스페인 북부의 동굴들 속에 잘 보존된 상태로 우리에게 전해졌다. 이 아름다운 그림들은 지난 몇 세기 동안의 위대한 거장들의 그림에 익숙한 현대인들에게까지도 하나의 환희이다. 그 동굴에 그림을 그린 사람들이 천재들(마지막 빙하기의 다 빈치들과 렘브란트들)이었다고 치더라도 가장 오래된 선사시대로부터 내려온 도기류와 연장들에 새겨진 장식들에 대해서는 그런 말을 할 수 없을 것이다. 동굴의 그림들뿐만 아니라 그런 장식들에도 사냥의 성공에 도움이 되거나 악귀들과 싸우거나 하는 실제적이고 주술적인 목적이 있다고 흔히 이야기되었다. 그것이 맞다고 하더라도 그 실제적인 목적이 무엇이었든 간에 물건들이 그렇게 아름답게 만들어져야 할 필요는 없었을 것이다. 게다가 도기류의 장식은 그렇게 많은 천재들이 만든 것일 수 없다. 모든 마을들에 저마다의 장식 스타일—흔히 자그마한 차이밖에 없는—이 있었다는 사실은 그 사람들이 미적인 것에 적극적으로 관심을 기울였음을 입증한다.

내가 이제껏 이야기한 것은 가장 "원시적인" 문화들, 원시 사냥꾼들과 채집인들, 그리고 적어도 4만 년에서 5만 년 전에 호모 사피엔스가 완전히 등장하고 난 뒤의 것, 그들의 문화들에 대해서 우리가 알고 있고 추측할 수 있는 것들에 관해서이다. 그들은 손으로 소량의 물건들밖에 만들지 않았지만 생각하고, 관찰하고, 상상하고, 조각하는 그들 자신의 능력을 응용하는 데에 매우 활동적이었다. "물건 분야"와 "행위 분야"의 관계를 말로 표현하기를 원한다면, 가장 원시적인 시대의 사람들 사이에서 그 비율은 1:100이었던 반면, 현대인들의 경우에는 그것이 100:1일 것이라고 말할 수 있다.*

역사는 우리에게 이 두 양극 사이의 수많은 변동단계들을 제공한다. 그리스 민주주의가 꽃피던 시대의 그리스 시민들은 분명히 그 사냥꾼보다 더 많은 물건들에 둘러싸여 있었겠지만, 그리스 시민은 국사에 적극적인 관심을 가졌고, 이성을 비상할 정도로까지 발전시키고 사용했으며, 예술적으로 동시에 철학적으로 깊이 빠져 있었다. 우리가 한 지역의 모든 주민에 대해서 알려면, 소포클레스Sophocles와 아이스킬로스Aeschylos의 극작품들이 아테네 시민의 예술적 자양분을 이루었다는 것 이상의 무엇을 더 알아야 할 필요가 있겠는가. 그리고 그것은 현대의 뉴욕 시민

* 이 수치들은 두 분야 간의 양적 관계를 "상징적"으로 표현한 것뿐이다.

의 미적, 정서적 수동성에 관해서 무엇을 말해주는가, 우리가 그 뉴욕 시민을 흥분시키는 연극들과 영화들에 대해서 생각해볼 때 말이다!

우리가 중세의 한 장인匠人의 생활로부터 얻는 심상心象은 다르면서도 또 많은 면에서 비슷하다. 그의 작업은 관심과 주의력을 가지고 행해졌고, 그 일은 따분하지 않았다. 식탁 한 개를 만드는 것은 그 식탁이 그의 노력, 경험, 기술, 그리고 취향을 바탕으로 하는 창조적 행위였다. 해야만 하는 일의 대부분을 그는 스스로 해야 했다. 그는 또한 노래 부르기, 춤추기, 교회예배 같은 많은 공동 활동들에도 적극적인 관심을 가졌다. 농부는 물질적으로 그보다 훨씬 더 못살았다. 그는 자유인이 아니었지만 완전히 노예인 것도 아니었다. 들에서 하는 일은 많은 만족을 주지 않았겠지만(나는 여기서 특별히, 16세기에 농부들의 처지가 상당히 악화되기 이전의 시대에 대해서 말하는 것이다), 그래도 그는 그가 속해 있는 특정한 사람들의 문화를 바탕으로 한 문화적으로 풍요로운 생활에 참여했고 그것을 즐겼다. 농부도 장인도 **다른 사람들**이 힘든 일을 하거나 즐기거나 혹은 고통받는 것을 본다고 해서 자기가 할 일을 안 하지는 않았다. 그들의 생활을 채워주는 것이 무엇이었든 간에, 그것은 대개 그들 자신의 행동과 그들 자신의 체험의 결과였다. 경제적으로나 사회적으로나 농부보다 처지가 훨씬 더 나은 장인조차도 자기 집과 자기 연장들을 제외하고는 많은 것들을 **소유하지** 않았고, 그는 그가 속한 사회계급의 전통적인 생활수준에 맞추어 살 수 있을 만큼만 벌었다. 그는 더 소유하거나 더 소비하기를 원하지 않았다. 그것은 부의 획득이 아니라, 자기 능력의 생산적인 사용과 존재의 즐거움이 그의 목적이었기 때문이다.

인공두뇌학적 사회에서 사는 현대인은 하늘의 별처럼 많은 **물건들**에 둘러싸여 있다. 확실히 그는 그 물건들 대부분을 생산했다. 그러나 "그가" 했을까? 거대한 공장에서 일하는 노동자 한 사람은 어떤 물건도 생산하지 않는다. 물론 그는 어떤 자동차, 혹은 어떤 냉장고, 혹은 어떤 치약의 생산에 참여하지만, 산업 과정의 종류에 따라서 그는 무슨 나사들이나 혹은 모터나 혹은 문짝을 끼우면서 몇 가지 틀에 박힌 동작만 할 뿐이다. 그 연속된 사슬의 마지막 단계에 있는 노동자만이 완성된 생산품을 본다. 다른 노동자들은 그것을 거리에서 본다. 한 사람의 노동자가 차 한 대를 생산했다는 말은 추상적인 의미로만 이야기할 수 있는 것이다. 첫째로는 기계들이 그 차를 생산한다. 노동자—완전한 한 인간이 아닌 살아 있는 연장으로서의—는 아직은 기계가 할 수 없는(아니면 비싼 값이 들어야만 할 수 있는) 일들을 수행함으로써 그 생산에 한몫을 한다.

자동차 공학자와 스타일리스트(자동차 형태를 연구, 결정하는 사람/역주)는 **자기가** 그 차를 생산했다고 주장할지도 모른다. 그러나 분명히 그것은 사실이 아니다. 그들은 자신들의 몫만큼 기여했겠지만, **그가** 그 차를 생산한 것은 아니다. 결국에 업무 집행자 혹은 경영자는 자기가 그 차를 생산했다고 주장할 것이다. 그는 자기가 그 전체 과정을 지휘했기 때문에 자기가 생산한 것이라고 생각한다. 그러나 이 주장은 자동차 공학자의 그것보다 더 애매하다. 그 경영자가 그 차의 생산을 위해서, 하나의 육체를 가진 존재로서 실제로 필요했는지를 우리는 알지 못한다. 그의 주장은 자신의 부하병사들이 요새를 정복했고 전투에서 싸운 것이 아주 분명한데도, **자기가** 성채를 정복했고 싸움에서 승리했다고 우기는 장군의 주장만큼이나 의심스러운 것이다. **병사들이** 이동했고, 공격했고, 그리하여 부상을 당하거나 죽임을 당했고, 한편 그는 계획을 짜고 그것이 제대로 수행되도록 했다. 때때로 전투에서 이기는 것은 단지 상대방 장군이 이긴 쪽 장군보다 더 무능력했기 때문이고, 그러므로 그런 승리는 상대편의 결함에 의해서 얻어지는 것이다. 여기서 문제는 감독하고 관리하는 기능의 생산적 역할의 문제인데, 그것에 대해서는 더 이상 계속하지 않고 이렇게 말하는 것으로 마무리하려고 한다. 즉 경영자에게 그 차는 그것이 공장의 조립 작업대를 떠날 때, 자동차라는 물질적 외양으로부터 하나의 상품으로 변한다는 것이다. 이것은 그가 그 차에 우선적으로 관심을 가지는 것은 그 실제적 이용가치 때문이 아니라, 온갖 종류의 얼토당토않은 자료들—섹시 걸들로부터 "정력적인" 외양의 차에 이르기까지—로 미래의 구매자의 마음을 현혹시키는 광고에 의해서 암시되는 허구적 이용가치 때문임을 의미한다. 하나의 상품으로서의 그 차는 어떤 의미에서는 그 경영자가 만든 것이다. 그가 그 실제의 차를 구매하고 싶은 매력적인, 이윤을 많이 가져다주는 특징들을 가진 것으로 만들도록 명령했기 때문이다.

현대인은 이전의 인간이 다다를 수 있었던 것보다 훨씬 더 큰 물질세계에서 물품들을 생산할 수 있다. 그러나 이러한 물품들은 거기에 투자된 육체적, 지적 노력들에 전혀 걸맞지 않은 것들이다. 동력이 센 차를 운전하는 것은 육체적인 힘도 필요로 하지 않고, 특별한 솜씨나 지력을 요하지도 않는다. 비행기를 조종하는 것은 굉장한 기술이 필요하고, 수소폭탄을 투하하는 것은 상대적으로 기술이 별로 필요하지 않다. 물론 아직도 상당한 솜씨와 노력을 요하는 활동들이 더러 있다. 공예가, 의사, 과학자, 예술가, 고도의 기술을 가진 노동자, 파일럿, 어부, 원예가, 그리고 그와 같은 어떤 다른 직업이나 전문직의 활동들이 그것이다. 그러나 솜씨를 요하는 이러한 활동들은 점점 더 줄어들고 있다. 엄청나게 많은 수의 사람들이 지력, 상상력, 혹은 어떤 종류의 집중력도 별로 필요하지 않은 일들로 생계를 꾸려간다. 물질적인 물품들(결과들)은 더 이상 인간의 노력과 비례하지 않으며, 이러한 **노력(그리고 기술)과 결과 사이의 분리**는 현대 사회의 가장 중대한, 그리고 병적인 특징들 중의 하나이다. 그러한 분리가 노력이라는 것을 격하시키고 노력의 중요성을 최소화시키는 경향이 있기 때문이다.

그렇다면 우리는 첫 번째의 결론에 다다를 수밖에 없다. 일반적으로 받아들여지는 견해와는 대조적으로 현대인은 자신의 세계와 관련하여 근본적으로 아주 무력하다는 것이다. 그가 강해 보이는 것은 단지 그가 엄청날 정도로 자연을 지배하고 있기 때문이다. 그러나 그 지배는 거의 완전히 소외된 것이다. 즉 그것은 그의 진정한 인간적인 능력들의 결과가 아니라, 그가 많이 활동하지 않거나 많이 존재하지 않고도 많이 성취할 수 있게 해주는 "거대기계megamachine"*의 결과인 것이다.

그리하여 현대인은 기계들의 세계와의 공생적 관계 속에서 살아 있다고 말할 수 있다. 그가 강력한―혹은 그렇게 보이는―것은 그가 그 기계들의 일부이기 때문이다. 그것들 없이 제 힘으로 서서, 자기 자신의 수단들을 이용한다면 그는 어린아이처럼 무력하다. 그렇기 때문에 그는 기계를 숭배한다. 기계들은 그에게 자기들의 힘을 빌려주고, 자기들 없이 그는 절름발이일 뿐인데도 불구하고 그가 거인이라는 환상을 만들어준다. 다른 시대

---

* 루이스 멈퍼드가 이 용어를 만들었다. 그의 『기계의 신화 : 기술과 인류의 발달(*The Myth of the Machine : Technics and Human Development*)』(Harcourt, Brace and World, 뉴욕, 1967)을 참조하라.

에 인간이 자신의 우상이 자기에게 힘을 준다고 믿었을 때 그것은 순전한 환상이었다. 다만 그가 자신의 힘을 우상에게 투사하고 그 우상을 숭배하면서 그 힘의 얼마간을 되돌려받은 것이었다. 기계의 숭배에서도 그것은 근본적으로 똑같다. 분명히 바알 신(자연의 생산력을 주관하는 고대 셈족의 신/역주)과 아스타르테 신 (풍요와 생식을 주관하는 고대 셈족의 신/역주)은 인간이 바알 신과 아스타르테 신이라고 **생각했던** 것들일 뿐이다. 우상들은 나무조각과 돌에 지나지 않고, 그들의 힘은 전적으로 인간이 자신의 힘을 그들에게 전해주었다가 그중 일부를 그들로부터 되돌려받은 것일 뿐이다. 그러나 기계들은 단순히 쓸모없는 금속조각이 아니다. 기계들은 유용한 물건들로 이루어진 세계를 만들어준다. 인간은 **정말로** 기계들에 의지한다. 그러나 우상들의 경우와 마찬가지로, 그것들을 고안하고 계획하고 만들었던 것은 인간이다. 기계들은 우상들과 마찬가지로, 인간의 상상력의 산물이다. 인간의 기술적 상상력이 과학과 결합하여 현실적으로 대단히 유용한 물건들을 창조할 수 있었지만, 그 물건들이 인간의 지배자로 변한 것이다.

전설에 따르면 프로메테우스가 인간에게 불을 가져다준 것은 자연의 지배로부터 인간을 해방시키기 위해서였다. 인간은 역사의 이 시점에서 자기 자신을, 자신을 해방시키기로 되어 있는 불 자체의 노예로 만들어버렸다. 거인으로 위장된 오늘날의 인간은 모든 버팀대들을 잃게 될까봐, "지위도 신분도 없는 사람"이 될까봐, 그냥 존재하는 것이 될까봐, "나는 누구인가?"라는 질문의 도전을 받게 될까봐 죽도록 겁에 질린 채 자기가 만든 기계들에 의존하고, 따라서 그 기계들을 생산하는 사회의 적절한 기능을 보장하는 지도자들에게 의존하고, 잘 돌아가는 직업에 의존하는 허약하고 무력한 존재로 변했다.

요컨대 현대인은 많은 물건들을 가지고 있고, 많은 물건들을 이용하지만, 그는 아주 별것 아닌 존재이다. 그의 감정들과 사고 과정들은 사용되지 않는 근육처럼 위축되어 있다. 그는 어떠한 중대한 사회적 변화도 두려워한다. 그것은 사회적 균형 내에 생기는 어떠한 동요든 그에게는 혼돈과 죽음을 초래하기 때문이다—육체적인 죽음은 아니라고 하더라도, 그의 정체성의 죽음을 말이다.

15

소유의 철학에 대하여

인간이 **가지고** 있는 것이 **소유물**이고, 모든 사람이 육체를 "가지고" 있으므로 소유는 바로 인간의 물질적 존재에 근거한다고 말할 수 있을 것이다. 그러나 이것이 소유의 보편성에 대한 좋은 논거처럼 보일지라도 맞는 말이 아니기 때문에 이 논제에는 별 도움이 되지 않는다. 노예는 자기 몸을 소유하고 있지 않다. 주인의 의지와 기분에 따라서 그의 몸은 사용되고, 팔리고, 파괴될 수 있다. 이런 점에서 노예는 가장 많이 착취당하는 노동자와도 다르다. 노동자는 그의 노동력을 사는 자본주에게 육체의 힘을 팔 수밖에 없으므로 자신의 육체의 힘을 소유하지 못한 것이다 (그러나 자본주의 상황에서 그는 선택의 여지가 없기 때문에 그의 육체에 대한 소유권도 의심스럽다는 사실을 인정하지 않을 수 없다). 누군가 다른 사람이 내가 가진 것을 사용할 권리를 가지고 있을 때 내가 그것을 소유하고 있다고 말할 수 있을까?

우리는 지금 분쟁의 소지가 많은, 아직도 엄청난 혼란이 존재하는 문제의 한가운데에 있다. **소유물**에 관한 문제가 그것이다. 소유물에 대한 분명한 이해는 사유재산 폐지에 대한 혁명적 요구와 관련된 격렬한 감정들 때문에 매우 모호해졌다. 자신의 개인 소유물—옷, 책, 가구, 배우자까지도—을 다른 사람이 가져갈 수 있고 "국유화할"* 수 있다고 생각했던 사람들이 많았다(물론 오늘날 부부교환 놀이를 하는 사람들은 정치적으로는 보수적인 관점을 가지고 있으면서도 실제로 서로의 아내를 "사회화하기" 시작했다).

마르크스와 그밖의 사회주의자들은 사유재산이나 개인이 사용하는 물건들을 사회화해야 한다는 어리석은 제안 따위는 결코 하지 않았다. 그들은 자본의 소유권, 즉 한 자본 소유자가 사회적으로 바람직하지 않은 상품을 생산하고 소유인 그가 노동자에게 일거리를 "준다"고 해서 노동자 조건을 규정하는 것을 가능하게 하는, 생산수단의 소유권을 말한 것이었다.

사회주의자들의 요구에 대한 반동으로 정치경제학 교수들은 소유는 인간의 본성에 원래부터 있는 "자연권"이며 그것은 인간 사회가 존재한 이래로 있어왔다고 주장했다. 나는 1918년과

---

* 나는 여러 가지 점에서 독일의 「뉴욕 타임스」라고 할 수 있는 「프랑크푸르트 차이퉁 (*Frankfurter Zeitung*)」의 놀라운 기사를 보고 받았던 충격을 아직도 생생하게 기억한다. 1919년 뮌헨 발신 기사는 저명한 휴머니스트이자 단명했던 바이에른 공화국의 문화부 장관이던 구스타프 란다우어가 여자의 국유화를 명령한 내용을 전했다.

1919년에 경제사 강의 몇 개를 들었는데, (그 당시) 유명하던 교수 두 분은 강의시간에, 자본은 자본주의에만 있는 특성이 아니고, 원시종족들도 교환수단으로 조개를 사용한 것을 보면 자본을 가졌던 것으로 입증되며, 따라서 자본주의는 인류의 역사만큼이나 오래된 것이라고 아주 진지하게 말했다. 그들이 원시인들에게서 예를 찾은 것은 사실 형편없는 선택이었다. 아주 원시적인 사람들은 옷, 장신구, 연장, 그물, 사냥도구, 무기 같은 개인적으로 필요한 물건들 외에는 사유재산을 가지지 않았다는 것을 우리는 이제 오히려 더 잘 알고 있다. 사실 사유재산의 기원과 기능에 대한 고전적 해석들은 대개 모든 물건이 원래는 공동소유였다는 것을 당연하게 여겼다(『인간 파괴성의 해부』에서 내가 제시했던 인류학자들의 관점들). 기독교의 교부들도 이 관점을 간접적으로 인정하고 있다. 그들에 의하면, 소유권은 인간의 원죄原罪와 함께 생긴 탐욕죄의 결과이며 동시에 그것에 대한 사회적 치료책이기도 하다. 달리 말해서, 여성에 대한 남성의 지배나 인간과 자연 사이의 갈등과 마찬가지로, 사유재산은 아담과 이브의 원죄의 결과인 것이다.

소유권에 대한 때때로 혼동되는 여러 개념을 구별하는 것이 유익할 것이다. 첫 번째 개념은 소유권을 어떤 사물(생명이 있는 것이든, 생명이 없는 것이든)에 대한 절대적 권리로 보는 관점이다. 소유자가 그것을 만들기 위해서 무엇을 했든지, 그것을 다른 사람에게서 받았든지―선물이나 상속물로 받거나 도둑질해서 가졌거나―상관없이 말이다. 국가들 간의 관계나 시민사회의 법률과 관련하여 어떤 제한이 필요한 후자의 경우는 제쳐놓고, 위대한 로마의 법률과 현대 국가의 법률이 말하는 소유권은 이런 의미에서의 소유권이다. 소유권은 언제나 국가법이나 국제법으로, 다시 말해서 근본적으로 법률을 "집행하는" 폭력에 의해서 보장된다. 두 번째 개념은 특히 18세기 계몽주의 철학에서 널리 통용되었던 것인데, 어떤 물건에 대한 개인의 소유권은 그것을 만들려고 애쓴 개인의 노력에 달려 있다고 강조하는 관점이다. 아직 어느 누구의 소유물도 아닌 무엇을 가지려고 수고를 하면 그것은 그 사람의 소유물이 된다는 존 로크John Locke의 관점은 독특하다. 그러나 재산 형성에서 개인의 생산적 역할에 대한 로크의 강조는 곧이어 그가 덧붙인 제한―개인이 만든 재산에 대한 소유권이 그것을 만들려고 수고하지 않은 다른 사람에게 얼마든지 양도될 수 있다는―때문에 근본적으로 그 의미를 상실한다. 로크가 그런 제한을 필요로 했던 것은 분명히 노동자들이 그들이 노동하여 만든 생산품을 **자신들의** 재산이라고 주장하는 곤경에 빠지게 될 것이기 때문이다.*

재산에 대한 세 번째 개념은 앞에서 말한 본질적으로 법적인

---

* 폴 에드워즈(편집), 『철학 백과사전(*The Encyclopedia of Philosophy*)』(Macmillan Comp. and Free Press, 1967)에서 스탠리 I. 번이 쓴 논문의 "소유" 항목 참조.

개념들을 초월하며, 형이상학적으로 정신적으로 인간을 위한 소유물이라는 의미에 기초하는 것으로서, 헤겔Hegel과 마르크스가 표명한 개념에서 나온 관점이다. 헤겔(『법철학Philosophie des Rechts』, 41장과 45장에서)에게는, "사람은 스스로 이상적인 삶을 성취할 수 있도록 자신의 자유를 외형적 영역으로 옮겨야 하기 때문에" 소유가 필요한 것이었으며, 이는 소유가 "최초의 자유의 구현이며 그런 만큼 그 자체가 하나의 실질적 목적인" 까닭이었다. 언뜻 보기에 헤겔의 진술은 사유재산의 신성함의 합리화인 것 같시만 사실은 훨씬 더 많은 뜻이 담겨 있다. 이것을 완전히 이해하기 위해서는 헤겔의 철학을 설명해야 하는데, 지면이 허락하지 않는다. 마르크스는 이 문제를 전적으로 **인간적으로**, 그뿐만 아니라 아무런 철학적 신비화 없이 표현했다. 헤겔과 마찬가지로 마르크스도 소유는 인간 의지의 외형화라고 생각했다. 그러나 자기가 만든 물건이 자기 것이 아니고 생산수단 소유자의 것이라면, 다시 말해서 인간이 자신의 노동에서 소외되어 있으면, 그 물건은 **그의** 소유물이 될 수 없다. 사회가 개인의 완전한 발전이 모든 사람의 완전한 발전에 달려 있는 하나의 공동기획으로 조직되어 있을 때에야 비로소 "내 것"이니 "네 것"이니 하는 것이 무의미한 개념이 된다. 이런 사회에서는 노동 자체—다시 말해서 소외되지 않은 노동*—가 즐거울 수 있고, 사람이 사용하는 물건 이외의 "소유물"이란 어처구니없는 것이 된다. 모든 사

람이 작업량에 따라서가 아니라 필요에 따라서 받게 될 것이다
(물론 여기서의 필요란 산업이 그에게 유발시킨 합성물적인, 해로운 욕
구가 아니라 인간에게 진짜 필요한 것을 말한다).

근본적으로 다른 차이는 사용하기 위한 소유물(기능적 소유물)
과 소유를 위한 소유물(비기능적 소유물) 사이의 구별이다. 물론 이
두 가지 유형이 뒤섞인 것들도 많지만. 독일어에서는 베지츠Besitz
와 아이겐툼Eigentum이라는 각기 다른 단어를 사용하므로 이 두
종류의 소유물의 차이점이 분명하다. 베지츠는 "앉다sitzen"라는
단어에서 나왔는데, 말 그대로 사람이 깔고 앉는 물건을 말한다.
그것은 사람이 합법적이고 실제적으로 장악하는 것을 가리키며
그가 생산활동을 했는가와는 무관하다. 반면에 아이겐툼은 다르
다. 아이그aig는 하벤haben(가지다)이라는 독일어의 어원인데, 수
세기가 지나면서 그 뜻이 달라져서 이미 13세기에 마이스터 에
크하르트는 라틴어의 재산proprietas에 해당하는 독일어로 그것을
해석했다. "고유한proper"은 아이겐에 해당한다. 그것은 ("고유명
사proper name"에서처럼) 어느 한 사람에게 고유한 것을 뜻한다. 그
러므로 Eigentum = proprietas = property는 특정한 개인으로서의
어느 한 사람에게 고유한 모든 것을 가리킨다. 그것은 그 자신의

---

* 소외되지 않은 노동에 대한 마르크스의 태도는 모순된 상태로 남아 있다. 때로 그는 소
외되지 않은 노동을 삶의 최고 성취로 여기는 듯 보인다. 그러나 그의 마지막 결론은 자
유시간과 그것의 소외되지 않은 사용이 삶의 최상의 목적이라는 것이다.

육체, 그가 매일 사용하는 물건들, 이렇게 매일 접함으로써 자신의 개성을 부여하는 물건들, 심지어 그의 도구나 거처, 그의 일정한 환경을 이루는 모든 것을 가리킨다.

모든 것이 짧은 시간 안에 시대에 뒤떨어진 것이 되는(설사 그렇지 않다고 하더라도 결국 더 새로운 것으로 바뀌는) 오늘날의 인공두뇌학적 사회에서 사는 사람에게는 매일 사용하는 물건들에 개인의 특성이 담겨 있다는 것이 이해가 되지 않을 것이다. 그 물건들을 사용하면서 사람은 자신의 삶이나 개성의 일부를 그 물건들에 부여한다. 이 물건들은 생명 없는 죽은 물건이 아니고 다른 것으로 바꿀 수도 없다. 이와 같은 사실은 사람의 무덤에 개인적이고 일상적인 물건들을 같이 넣는 여러 고대 문화(원시 문화에서뿐만 아니라)의 관습에서 분명하게 볼 수 있다. 현대 사회에서 그에 해당되는 것은 죽은 뒤 오랜 세월 동안 그 효력을 가질 수 있게 해놓은 유언과 유언장이 바로 그것이다. 그러나 그의 물건들은 그만의 개인적인 물건들이 아니라, 바로 그 개인과는 상관없는 사유재산이니, 그는 돈, 땅, 권리 등을 소유했던 것이다.

그러면 우리는 가장 근본적인 차이점은 **사용**私用, personal과 **사유**私有, private 재산의 차이라고 결론지을 수 있다. 그것은 본질적으로 **기능적** 소유와 **비기능적**(죽은) 소유의 차이점과 같다.

이 차이점은 사유재산과 공유재산의 차이보다 훨씬 더 근본적이다. 많은 예에서 보았듯이, 합법적 형태의 공공재산, 국유재산, 사회재산도 그것이 명목상으로만 그럴 뿐 실제로는 노동자나 고용인의 이익을 대표하지 않는 관료주의에 의해서 관리된다면 사유재산과 마찬가지로 억지스럽고 소외적일 수 있다.

기능적이고 죽은 재산은 흔히 확실한 형태로 나타나지만, 다음 예에서 쉽게 볼 수 있듯이 자주 혼동된다. 가장 기초적인 예는 육체이다.

육체는 모든 사람이 가지고 있는 유일한 소유물이다. 그것은 말하자면 "타고난 소유물"이다. 프로이트가 훌륭하게 보여주었듯이, 어린아이에게는 배설물이 어쩌면 훨씬 극단적인 형태의 소유물로 체험될 것이다. 배설물은 자신의 육체의 생산물로 **자기 것**이며, 그것을 버리지만 전날의 손실이 매일 보충되니까 이 손실을 너무 두려워할 필요는 없다. 그러나 그와는 달리, 육체는 "소유물"일 **뿐만** 아니라 도구이기도 하다. 우리는 이 도구를 우리의 욕구를 만족시키기 위해서 사용하며, 더 나아가 그 도구는 우리가 그것을 사용하는 데에 따라서 변화한다. 우리가 근육을 사용하지 않으면 근육은 약해지고 무력해지며 나중에는 사용할 수 없는 극단적인 지경에까지 이른다. 반면에 우리의 육체는 사용하면 할수록 더 강해지고 더 건강해진다(물론 어떤 한계가 있지만).

집이나 땅을 소유하는 경우에는 상황이 다르다. 그것은 육체처럼 자연적인 카테고리가 아니라 사회적 카테고리에 관한 것

이기 때문이다. 유목민을 생각해보자. 그들은 땅을 **소유하지 않**
았다. 그들은 잠시 어느 땅에서 살았으며, 그 땅을 이용하고 천
막이나 오두막을 짓고 살다가 얼마 후에는 그 땅을 떠났다. 땅은
그들의 개인 소유물도 공동 소유물도 아니었다. 땅은 결코 소유
물이 아니라 사용물로서, 그들이 그것을 사용한다는 매우 한정
된 의미에서만 "그들의 것"이었다. 낚시 그물, 창, 도끼 같은 도
구들도 마찬가지였다. 이 도구들은 그것이 사용될 때에만 소유
물이었다. 개인이 땅을 소유하지 않는, 다시 말해서 개인이 땅을
팔 수 없고, 땅을 경작하는 동안에만 그 땅에 대한 권리가 있는
현대의 농업협동조합에서도 같은 원칙이 존재한다.

　사유재산이 없는 많은 원시 문화에서는 남자와 여자의 관계
나 결혼제도에도 같은 원칙이 적용된다. 남자와 여자가 서로 사
랑하고, 서로 원하고, 같이 살고 싶어하는 동안만 그들의 관계는
결혼으로서 사회적으로 인정받는다. 그 관계가 이러한 기능을
상실하면 남자나 여자는 자유로이 떠날 수 있다. 아무도 다른 사
람을 소유하지 않기 때문이다.*

　반면에 제도적 소유와 관련해서는, 법률이 내 집, 내 땅, 내 도
구들, 내 아내, 내 아이는 내 소유물이라고 명시하고 있다. 내가

---

*　아프리카 피그미인들 사이의 결혼이 한 가지 실례이다. C. 턴불, 『별난 하인들, 혹은 아
프리카 피그미족의 두 세계(*Wayward Servants: The Two Worlds of the African Pygmies*)』
(Eyre & Spottiswoode, 1965).

그들을 돌보든 돌보지 않든 상관없이 나는 그들을 **소유한다**는 것이다. 사실 내 소유물은 무엇이든지 파괴할 수 있는 권리가 내게 있다. 나는 내 집이나 그림—아무리 귀한 예술품일지라도—을 태워버릴 수 있다. 내 것을 어떻게 하든 아무에게도 해명해야 할 의무가 없다. 이 법적 권리는 국가가 권력으로 "내"가 요구하는 것을 보장해주기 때문에 효력이 있다.

역사가 흐르는 동안 아내나 아이들에 대한 소유권의 개념과 그에 관한 법률은 변했다. 오늘날 자기 아내를 죽이는 것은 살인으로 처벌받는 범죄이다. 자기 아이를 죽이는 것 역시 범죄로 간주된다. 그러나 부모가 아이들에게 끊임없이 가하는 잔인함과 폭력—간과할 수 없을 만큼 극단적이지 않는 한의—은 합법적인 권한(다시 말해서 소유권)의 행사로 본다. 그럼에도 불구하고 자기 아내나 아이들에 대한 관계에는 언제나 순수한 소유 이상의 요소가 있어왔다. 그들은 살아 있는 존재들이고, 주인과의 밀접한 관계 안에서 살아가며, 주인은 그들이 필요하고 그들은 주인에게 즐거움을 준다. 그러므로 법적 소유에 덧붙여 기능적 소유의 요소도 있었다.

법적 소유재산의 극단적인 형태는 자본이라는 형태의 재산이다. 자본은 도끼처럼 소유자가 사용하는 도구와 다르지 않다고 말할 수도 있을 것이다. 그러나 도끼의 경우는 도끼가 소유자의 기술을 도와줄 때에만, 즉 기능적 소유물로서만 가치를 가진다.

자본의 경우에는 자본을 가지고 아무 일을 하지 않고 있어도 그 소유자는 자본을 **소유한다**. 투자되지 않아도 그 자본은 여전히 가치를 가진다. 그러나 소유자가 자본을 투자할 때에도 소유자는 자기 기술을 사용하거나 그에게 이익을 가져다주는 같은 정도의 노력을 하지 않아도 된다. 가장 오래된 자본의 형태인 땅도 마찬가지이다. 나는 아무 노력을 하지 않고도, 즉 아무 일도 하지 않고도 소유자라는 법적 권리 때문에 그 땅에서 이익을 얻을 수 있다. 비기능적 소유를 죽은 소유라고 할 수 있는 것은 이런 이유 때문이다.

"죽었든" 비기능적이든 간에, 소유를 합법화시키는 것은 점령 아니면 법률이다. 그러나 법률 자체가 강제력으로 뒷받침되고, 이런 의미에서 획득한 소유물과 합법적인 소유물의 차이는 단지 상대적일 뿐이다. 합법적인 소유물의 경우에도 **권력이 소유권을 부여한다**. 국가가 독점하고 있는 권력으로 내 소유물에 대한 권리를 보장해주기 때문이다.

인간은 "소유"하지 않고 살 수는 없지만, 순전히 기능적 소유만으로도 아주 잘 살 수 있으며, 인간이 **호모 사피엔스**가 된 이후 처음의 약 4만 년 동안은 그렇게 살았다. 나중에 논의하겠지만 사실 인간은 주로 기능적 소유물을, 그리고 죽은 소유물은 최소한으로 가지고 있을 때에만 건전하게 살아갈 수 있다. 기능적 소유물은 인간의 생존을 위해서 실제로 필요한 것이다. 제도적 소유물은 어떤 사회경제적 환경에 의해서 조건지어진 병적인 욕구를 만족시켜준다. 인간에게는 육체, 잠잘 곳, 연장, 무기, 그릇이 있어야 한다. 이런 것들은 인간의 생물적 삶을 위해서 필요하다. 정신적 삶을 위해서 필요한 물건들도 있다. 장신구나 치장을 위한 물건들, 간단히 말해서 미술품이나 "신성한" 물건들과 그런 물건들을 만들기 위한 도구들이 그것이다. 그 물건들도 한 개인이 혼자서만 사용한다는 의미에서 소유물이라고 할 수 있겠지만, 그 물건들은 기능적 소유물이다.

문명이 발달함에 따라서 기능적 소유물도 늘어났다. 사람은 여러 벌의 옷, 집, 노동을 절약해주는 기구들, 라디오, 텔레비전, 전축, 녹음기, 책, 테니스 라켓, 스키……등을 가졌다. 이런 소유물들은 모두 원시문명에서 있었던 기능적 소유물과 달라야 할 필요가 없다. 달라야 할 필요가 없는데, 그러나 흔히 다르다. 소유물이 더 많은 활력과 생산성을 위한 도구이기를 그만두고, 수동적-수용적 소비의 도구로 변형될 때 기능의 변화가 일어나는 것이다. 소유가 점점 더 증가하는 소비욕구를 만족시켜주는 기능을 주로 할 때, 그것은 더 이상 생존을 위한 조건이 아니라 근본적으로 "간직하는 소유물"과 다를 바 없어진다. "간직하는 keeping"과 "소비하는spending"이라는 말은 반대말이므로 이 말은 이상하게 들릴지도 모른다. 겉만 보면 사실 그렇다. 그러나 역학적으로 보면 이들에게는 한 가지 공통된 근본적 성질이 있다. 수전노나 낭비가는 내면적으로는 수동적이며 비생산적이다. 둘 다 어떤 물건이나 사람에게 능동적으로 관여하지 않으며 살아가는 동안 변화하거나 성장하지 않는다. 둘 다 무생명력적인 것의 두 가지 다른 형태 중의 하나를 나타낼 뿐이다. 소유를 위한 소유와 사용을 위한 소유 사이의 차이점을 보여주려면, 사용의 이중적 의미를 고려할 필요가 있다. 수동적인 사용(소비자)과 생산적인 사용(장인, 미술가, 숙련 노동자)이 그것이다. 기능적 소유는 생산적인 사용을 가리킨다.

"소유욕적 소유possessive having"도 노력하지 않고 얻는 기능 외에 또다른 기능을 가질 수 있다. 첫째로, 죽은 소유물은 소유 중심의 사회에서 살아가는 소유자에게 힘을 준다. 소유물이 많은 사람은 대개 정치적으로 힘이 있다. 그는 힘 있는 사람이므로 위대한 사람으로 보인다. 사람들은 두려워하기보다는 숭배하는 쪽을 택하기 때문에 그의 위대함을 숭배한다. 돈 많고 힘 있는 사람은 다른 사람들을 위협하거나 돈을 줌으로써 그들에게 영향력을 행사할 수 있다. 그렇게 해서 그는 명성이나 숭배를 소유하게 된다.

마르크스는 이 점에 대해서 멋진 분석을 했다.

돈이라는 수단을 통해서 나를 위해서 존재하는 것, 내가 지불할

수 있는 것(돈으로 살 수 있는 것), 그것이 바로 그 돈의 소유자인, 나의 것이다. 나의 힘은 내가 가진 돈의 힘만큼 크다. 돈의 속성은 나 자신(소유자)의 속성이며 능력이다. 그러므로 내가 **누구인지** 내가 무엇을 **할 수 있는지**는 전혀 내 개성에 의해서 결정되지 않는다. 나는 못생긴 **존재**이지만, 나는 **가장 아름다운 여자**를 사서 가질 수 있다. 따라서 못생겼다는 것이 미치는 효과, 즉 혐오하게 만드는 힘이 돈에 의해서 무효화된 까닭에, 나는 못생긴 것이 아니다. 내가 **절름발이**라고 하더라도, 돈은 내게 24개의 다리를 줄 수 있다. 그러므로 나는 절름발이가 아니다. 내가 혐오스럽고 치욕스럽고 파렴치하고 어리석은 사람일지라도 돈은 존경받으며 돈의 소유자도 존경받는다. 돈은 최고로 좋은 것이며, 돈을 가진 사람도 그러하다. 게다가 돈은 내가 부정직한 사람이 될 수 있는 곤란함을 면하게 해준다. 그러므로 나는 정직하다고 인정받는다. 내가 **어리석어도** 돈이 만물을 움직이는 **진짜 머리**이니 돈을 가진 사람이 어찌 어리석을 수 있겠는가? 더욱이 돈을 가진 사람은 자신을 위해서 재능 있는 사람들을 살 수도 있으니, 재능 있는 사람들보다 더 재능 있는 사람은 바로 재능 있는 사람들을 지배하는 사람이 아니겠는가? 인간이 열망하는 **모든** 것을 돈의 힘으로 소유할 수 있으니, 나는 인간의 모든 능력을 소유하는 것이 아닌가? 그러므로 내 돈은 나의 모든 무능력을 능력으로 바꾸어주지 않는가?

나를 **인간**의 삶에, 그리고 사회를 내게 묶어주고, 나를 자연이나 인간과 이어주는 끈이 **돈**이라면, 모든 끈들 중에서 가장 강한 끈이 돈이 아닐까? 그러므로 돈은 또한 만유萬有 분리의 동인動因이 아닌가? 돈은 **분리**와 **결합**의 현실적 도구이며 사회를 움직이는 전기적電氣的-**화학적** 힘이다.……

현존하는 실제적 개념의 가치인 돈은 모든 것을 뒤섞고 바꾸어놓는다. 돈은 만물의 보편적 **혼돈**과 **치환**이며, 전도된 세계이며, 자연과 인간의 모든 성질의 혼돈이며 치환이다.

비겁한 사람도 용맹을 살 수 있으면 용감해질 수 있다. 돈이 특정한 성질이나 특정한 물건, 인간의 특정한 능력으로 바뀌지는 않는다. 그러나 돈은 인간과 자연의 전체적, 객관적 세계로 바뀐다. 그러므로 돈을 가진 사람의 입장에서 보면, 돈은 모든 성질과 사물을 다른 것으로 바꾼다. 그것들이 서로 정반대되는 것일지라도. 돈은 양립할 수 없는 것을 결속시키며 상반되는 것들을 서로 끌어안게 만든다.

인간을 **인간**이라고 가정해보자. 그리고 세계에 대한 인간의 관계가 인간적인 관계라고 가정해보자. 그러면 사랑은 사랑하고 바꿀 수 있으며, 신뢰는 신뢰하고만 바꿀 수 있을 것이다. 예술을 즐기고 싶으면 당신은 예술적으로 교양을 쌓은 사람이어야 한다. 다른 사람들에게 영향을 주고 싶으면 당신은 다른 사람들을 고무하고 격려하는 힘을 실제로 가진 사람이어야 한다.

인간이나 자연에 대한 당신의 관계들은 모두가, 당신의 의지의 목적에 걸맞는, 당신의 **진정한 개인적** 삶의 **구체적 표현**이어야 한다. 당신이 사랑한다고 해도 상대편의 사랑을 불러일으키지 못한다면, 다시 말해서 자신을 사랑하는 사람으로 **드러내도** 사랑받는 사람이 될 수 없다면, 당신의 사랑은 결실이 없고 불행해진다 (『경제학-철학 수고Ökonomisch-philosophische Manuskripte』에서).

이러한 고찰은 소유물을 사유재산과 공공(국가나 사회)재산으로 나누는 관습적 구분이 불충분하며 자칫 오해까지 불러온다는 결론으로 이끈다. 가장 문제되는 것은 소유물이 기능적이며 따라서 비착취적인가, 아니면 착취적인 죽은 소유물인가 하는 것이다. 소유물이 국가에 속하거나 공장에서 일하는 모든 사람에게 속할지라도, 그것은 생산을 관리하는 관료에게 다른 사람들에 대한 지배력을 줄 수도 있다. 사실 마르크스나 그밖의 사회주의자들은 사용하기 위한 물건처럼 순전히 기능적인 소유물은 결코 공유화해야 할 사유재산으로 간주하지 않았다. 또한 기능적 소유물을 모든 사람이 정확하게 똑같이 가져야 하는지도 문제삼지 않았다. 소유물의 평등에 관한 이 문제는 사회주의자들이 관심을 가진 문제가 결코 아니었다. 그것은 사실, 시기심을 불러일으키면서도, 불평등은 시기심을 낳으므로 어떤 불평등이라도 없애고 싶어하는 소유근성에 깊이 뿌리박힌 것이다.

핵심 문제는 소유가 개인의 활동과 생기를 고무하는지, 또는 개인의 활동을 마비시키고, 나태, 태만, 비생산성을 부추기는지 하는 것이다.

16

소유의 심리학에 대하여

마지막으로 정신적, 정서적 현상으로서의 **소유**에 대해서 논의하기로 한다.

먼저 "기능적 재산"에 대해서 말하자면, 내가 합리적으로 사용할 수 있는 것보다 더 많이 소유할 수 없는 것은 분명하다. 소유와 사용을 이렇게 결부하여 생각하면 몇 가지 결론이 나온다. (1) 내 능동성이 끊임없이 고무된다. 내가 사용하는 것만을 소유하므로 나는 끊임없이 능동적이 되도록 고무되기 때문이다. (2) 소유하려는 욕심(탐욕)이 생길 수 없다. 내가 가지기를 원할 수 있는 것은 생산적으로 사용하는 나의 능력에 알맞은 양의 물건들뿐이기 때문이다. (3) 내가 가진 것을 사용하느라고 바쁘기 때문에 다른 사람이 가진 것을 시기하는 것은 쓸데없는 짓일 테니 시기심이 생길 수 없다. (4) 지금 가진 것을 잃어버릴까 두려워하지 않게 된다. 기능적 재산은 쉽게 보충할 수 있기 때문이다.

제도적인 소유는 완전히 다른 경험이다. 그것은―기능적 소유나 존재와는 달리―자신과 세계 체험의 또다른 기본적인 형태이다. 이 두 가지 체험의 형태는 거의 모든 사람에게서 발견된다. 소유를 전혀 경험하지 않는 사람은 드물고, 알고 있는 유일한 경험이라고는 소유뿐인 사람들이 무수히 많다. 대부분의 사람들은 성격구조에 소유양식과 존재양식이 특정하게 혼합되어 있는 특징을 가지고 있다. 그러나 소유라는 말과 개념은 단순해 보이지만 소유양식의 경험을 묘사하기는 어렵다. 이러한 묘사는 독자가 지적으로 반응할 뿐 아니라, 소유에 대한 정서적 경험을 동원하려고 노력해야만 성공할 수 있기 때문에 특히 그러하다.

소유(비기능적인 의미에서)를 이해하는 데 가장 도움이 되는 접근방법은 프로이트의 가장 의미 있는 통찰의 하나를 상기하는 것일 것이다. 프로이트는 유아가 단순히 수동적인 수용단계를 지나고 그 뒤에 공격적이고 착취적인 수용기가 이어진 다음, 어린아이는 성숙에 이르기 전에 프로이트가 항문기anal erotic phase라고 이름지은 한 단계를 지나는데, 이 단계가 한 사람의 발전에서 계속 지배적인 것으로 남아 있는 예가 흔하고, 그리하여 "항문적 성격anal character"이 생기게 된다는 것을 발견했다. 이 맥락에서는, 프로이트가 리비도 발달의 한 특별한 단계가 일차적이며 성격 형성은 이차적이라고(프로이트에 더 가까운 사람들, 예를 들면 에

릭 에릭슨 같은 저자의 의견과 마찬가지로, 내 의견으로는 이 관계는 그 반대이다) 믿었다는 사실은 중요하지 않다. 중요한 것은 프로이트는 강한 소유지향적 성향은 완전한 성숙의 성취에 미치지 못한 시기이며, 그것이 영구적으로 남는다면 그것은 병적인 것이라고 보았다는 것이다. 달리 말해서 프로이트에 의하면, 오직 소유에만 관심이 있는 사람은 신경증 환자이며 정신적으로 병든 사람이었다.

이러한 관점은 사회 구성원들이 자신이나 세상에 대한 관계를 주로 소유에 의해서 경험하며 사유재산에 기초한 사회에서는 폭탄 같았을 것이다. 그러나 내가 아는 한, 성을 악마화하는 생각을 바꾸려는 프로이트의 신중한 시도들에 대해서는 "품위"를 옹호하는 사람들이 온통 아우성치며 항의한 반면에, 부르주아 사회의 최고가치들에 대한 이러한 공격에 항의한 사람은 없다. 이 패러독스를 설명하기는 쉽지 않다. 개인 심리학을 사회심리학과 결부한 사람이 별로 없었기 때문일까? 아니면 중산층의 성 모럴에 대한 프로이트의 공격은 그 공격이 사람들이 위선을 떨지 못하게 막아주는 역할을 했기 때문에 지독히 비웃음을 당한 반면에, 돈이나 소유에 대한 대중의 태도는 완전히 진실이어서 아무런 공격적인 방어가 필요하지 않았기 때문일까?

무엇 때문이었든 간에 프로이트가 어른이 되어서도 이러한 소유욕이 압도적인 상태라면 건강하지 못한 것이라고 믿었던 것에는 의심의 여지가 없다.

프로이트는 그의 이론을 확립하기 위해서 몇 가지 종류의 자료들을 들이댔다. 무엇보다 먼저 배설물이 상징을 통해서 돈, 소유, 더러움과 똑같은 것으로 되어 있는 풍부한 자료가 있다. 정말 충분한 언어학적, 민속학적, 신화적 자료가 있다. 1897년 12월 22일에 빌헬름 플리스Wilhelm Fliess에게 보낸 편지*에서 프로이트는 돈과 탐욕을 배설물과 연결지었다. 그의 고전적인 "성격과 항문 에로티시즘"(1980)에서 그는 이 상징적 동일성에 대한 너 많은 예를 덧붙였다.

돈에 집착하는 콤플렉스와 배변 콤플렉스를 결합시키는 것은 무척 어울리지 않아 보이지만 가장 광범위하게 나타난다. 정신분석을 해본 의사들은 누구나 알고 있다. 그들은 신경증 환자들의 습관성 변비라고 일컬어지는 가장 치료하기 힘들고 오래된 증상이 이 치료법으로 치료될 수 있다는 것을 안다. 그 기능이 최면적 암시에도 마찬가지로 쉽게 따르는 것으로 나타나는 것을 상기하면 이 점은 그다지 놀랍지 않다. 그러나 정신분석에서는 환자의 돈에 대한 콤플렉스를 다루어 그와 연관된 모든 것을 의식 밖으로 끌어내려고 유도해야만 이 결과를 얻을 수 있다. 돈

* 『지크문트 프로이트 심리학 전집(*The Standard Edition of the Complete Psychological Works of Sigmund Freud*)』 제1권(Hogarth press, 런던, 1966), 편지 79, pp.272-273.

에 너무 철저하게 집착하는 사람은 "더럽다"느니 "상스럽다"고 말하는 일반적인 언어습관의 한 징후로 신경증이 나타났다고 생각될 수 있다. 그러나 이 설명은 너무 피상적일 것이다. 실제로 사고의 고대 형태가 지배적이었거나 고수되었던 곳에서는― 고대 문명사회, 신화, 동화, 미신, 무의식적인 생각, 꿈, 신경증에서―언제나 돈이 더러움과 가장 밀접한 관계에 있었다. 악마가 정부情婦에게 주는 황금이 악마가 떠난 후에는 똥으로 변하고, 악마는 바로 억눌린 무의식적 본능의 의인화에 다름 아니라는 것을 우리는 안다. 보물찾기를 배변에 결부시키는 미신에 대해서도 알고 있으며 "금화 던지는 사람"의 주인공과도 누구나 친숙하다. 사실 고대 바빌론의 교리에 따르면, 황금은 "지옥의 똥"이다. 그러므로 언어용법, 신경증도 마찬가지로 원래의 함축적 의미로 단어를 취하고 있으며, 어떤 단어를 비유적으로 사용하는 듯이 보일 때, 대개는 단지 그 단어의 옛 의미를 되찾고 있는 것뿐이다.

사람에게 가장 귀중한 물질로 알려진 것과 허섭스레기로 내다버리는 가장 무가치한 것 사이의 극단적인 차이가 황금과 똥을 이렇게 특별한 동일화로 이끌었을 것이다.[*]

---

[*] 프로이트 논문집 제9권(108). 이 연관은 시체애호증(necrophilia)과 관련하여 중요한 의미가 있다. 에리히 프롬, 『인간 파괴성의 해부』를 참조하라.

몇 마디 해석을 가해야 할 필요성이 보인다. 황금은 "지옥의 똥"이라는 바빌론적 관념에서, 그 연관은 황금, 똥, 죽음 간에 이루어진 것이라는 점이다. 죽은 자들의 세계인 지옥에서는 가장 가치 있는 물건이 똥이며, 이것은 돈, 더러움, 죽은 자가 동일한 개념이라는 결론으로 이끈다.*

여기에 인용된 글의 마지막 구절은 프로이트가 그 시대 사람들의 생각에 예속되어 있었음을 아주 잘 드러낸다. 황금과 똥의 상징적 동일화를 위한 근거를 찾느라고 그는 두 가지가 같음은 바로 두 가지가 지극히 상반된다는 사실, 즉 황금은 가장 가치 있는 것이며 똥은 가장 무가치한 것이라는 사실에 기초할지도 모른다는 가정을 제시한다. 프로이트는 문명사회의 경제가 (일반적으로) 황금에 기초하므로 황금이 문명사회에서 가장 귀중한 물질이지만, 황금이 그다지 큰 가치를 가지지 않았을 원시사회에서는 아무 의미도 없었을 것이라는 또다른 가능성은 간과하고 있다. 더욱 중요한 것은, 프로이트가 속했던 사회의 사고 패턴은 사람들이 황금을 가장 귀중한 물질로 생각한다는 것을 시사하는 반면에 프로이트 자신은 무의식적으로 황금은 죽은 것, (소금처럼) 번식하지 못하는 것, (보석으로 사용되는 경우를 제외하고는) 생명이 없는 것이라는 개념을 가지고 있었을지도 모른다

* 같은 책.

는 점이다. 황금은 저장하는 축적된 노동이라는 점에서 기능 없는 소유의 가장 좋은 예이다. 황금을 먹을 수 있는가? 황금으로 무엇을 증식시킬 수 있는가(자본으로 전환된 경우를 제외하고)? 이 같은 황금의 죽은 성질, 무생산성은 미다스 왕의 신화에 나타나 있다. 너무나 탐욕스러웠던 미다스 왕은 자신이 만지는 모든 것이 황금으로 변하기를 바랐다. 그러나 사람이 황금을 먹고 살 수는 없다는 바로 그 이유 때문에 결국 그는 죽는다. 이 신화에 황금의 무생산성이 명확하게 나타나 있다. 황금은 결코 프로이트가 가정한 것처럼 최고의 가치가 아니다. 프로이트는 자기 시대의 사조에서 너무도 벗어나지 못하여 돈과 소유의 부정적 가치를 깨닫지 못했고, 내가 앞에서 논의한 항문기적 성격 개념의 중대한 함의를 깨닫지 못했다.

프로이트의 리비도 발달 이론체계의 공과功過에도 불구하고, 인간 발달의 초기 단계의 하나로서 수용과 소유의 단계에 대한 그의 발견들은 큰 뜻이 있다. 어린아이의 인생에서 처음 여러 해는 불가피하게도 아이가 자신을 돌볼 능력이 없고 주위 세계를 자신이 바라는 대로 자신의 힘의 지배하에 둘 수 없는 시기이다. 아이는 아직 만들어낼 수 없으므로 받아들이거나 빼앗거나 소유할 수밖에 없다. 그러므로 소유 카테고리는 어린아이의 발달에서 꼭 필요한 과도기이다. 그러나 어른이 되어서도 소유욕이 지배적인 경험으로 남아 있으면 생산성으로의 정상적인 발달의 최종 단계에 이르지 못했음을 나타내는 것이며, 발달이 이렇게 실패했기 때문에 소유의 경험에서 빠져나오지 못하게 되었음을 나타내는 것이다. 다른 지향과 마찬가지로, 이것도 진화의 초기 단계에서는 정상이었던 것이 나중 단계에서도 나타나면 병적인 것이 된다. 탐욕적인 소유는 생산적 활동을 위한 능력의 쇠퇴에 기초한다. 이 쇠퇴는 많은 요인들이 원인이 될 수 있다. 내가 이해하는 생산적 활동이란 자신의 능력의 자유롭고 능동적인 표현이지, 어떤 방식으로 행동하려는 충동적인 욕구나 본능에 의해서 유발되는 행동이 아니다. 지금은 이에 대한 논의를 할 계제가 아니다. 지금은 개인적인 면에서나 사회적인 면에서 어린 시절의 위협, 자극의 결여, 지나친 응석 같은 요인들을 찾아야 한다고 말하는 것으로 충분하다. 그러나 그 결과는 다른 방향으로 돌아간다. 소유지향과 소유욕의 만족은 노력을 약화시키고, 결국 생산적인 노력을 하려는 능력을 약화시킨다. 많이 **가지면** 가질수록 인간은 능동적인 노력을 하려는 생각이 없어진다.* 소유와 내면적 게으름은 서로를 강화시키면서 결국 하나의 악순환을 이루게 된다.

심리적 지향이 온통 소유욕뿐인 사람, 즉 **수전노**를 예로 들어보

---

* 자세한 논의를 위해서는 에리히 프롬, 『인간 파괴성의 해부』를 보라.

자. 그에게 가장 명확한 소유의 대상은 돈, 그리고 돈의 물질적 등가물들인 땅이나 집, 동산 같은 것들이다. 그는 사업 활동이나 투기보다는 아끼고 쓰지 않음으로써 이것을 지키는 데 대부분의 힘을 쏟는다. 그는 자신을 요새 같은 것으로 생각하여, 아무 것도 새어나가서는 안 되고, 절대로 필요한 것 이상을 써서는 안 된다고 여긴다. 그리고 "절대적으로 필요한" 것이란 그의 욕심의 정도에 따라서 다르다.

예외적이기는 하지만, 거의 아무것도 지출하지 않으려고 맛 있는 음식이나 좋은 옷, 편안한 집 같은 삶의 온갖 즐거움을 자신에게 허락하지 않는 사람이 드물지 않다. 보통 사람들은 왜 온갖 즐거움을 거부해야 하는지 이해하지 못할 것이다. 그러나 이것이 실제로는 사실이 아니라는 것을 잊지 말자. 이 수전노는 바로 소유 경험에서 가장 큰 즐거움을 발견한다. "소유한다는 것"은 그에게 아름다움이나 사람 또는 그 어떤 감각적, 지적 즐거움보다 더 달콤한 즐거움인 것이다. 부자 수전노는 때로는 그다지 분명하지 않은 모습을 보여주기도 한다. 그는 자선사업이나 미술품 구입에 수백만 달러를 사용하기도 하는데, 그것은 (세금 혜택은 제쳐놓고) 자신의 사회적 지위가 그만한 비용을 요구하기 때문이고, 또 세인에게 좋은 이미지를 주려는 선전효과 때문이다. 그러나 불필요한 우편요금 지출이 없도록 확실히 하려고 검증 절차를 만들기도 하고, 자신의 고용인들이 노동시간을 1분이라

도 낭비하지 않게 하기 위해서 강박관념적으로 애쓰기도 한다
(해리 베넷Harry Bennett의 보고에 의하면, 자동차 기업의 설립자인 헨리
포드는 양말을 더 이상 꿰맬 수 없을 때까지 신었으며, 아내가 자기 모르
게 가게에서 새 양말을 살까봐 자동차 안에서 양말을 갈아 신었으며, 낡
은 양말은 길거리에 버렸다고 한다).

　수전노는 물건뿐 아니라 힘이나 감정, 생각 또는 "가질" 수 있
는 것이면 무엇이든지 다 아끼려는 열정에 사로잡혀 있다. 그에
게 힘은 그 소유의 다시 보충할 수 없는 고정가치이다. 그러므로
절대적으로 꼭 필요하지 않은 힘의 소비는 모두 피해야 한다. 그
렇지 않으면 자신의 축적된 힘이 줄어들기 때문이다. 그는 불필
요한 육체적 수고를 피하며, 모든 일을 가능한 한 가장 간단한
방법으로 한다. 대개 그는 에너지 소비를 최소화하는 꼼꼼하고
정돈된 방법으로 일을 한다. 이러한 태도는 흔히 성에 대한 태도
에 분명하게 나타난다(이 특징은 대개 남자들한테서 뚜렷하게 발견된
다). 그에게 정액은 아주 소중한 생산품이지만 양적으로 제한되
어 있다. 무엇이든 써버리면 모두 영원히 잃는 것이다(이지적으
로는 그렇지 않다는 것을 안다고 해도, 그가 그렇게 느끼는 방식에는 아
무 영향을 주지 못한다). 그러므로 그는 정액의 소비를 최소로 줄
이기 위해서 성교를 최소한으로 줄여야 한다. 그들도 건강을 위
해서는 일정량의 성행위가 필요하다고 생각하므로 "건강"에 대
한 욕구와 절약에 대한 욕구 사이의 최선의 타협을 이루기 위한

방식을 개발한 남자들을 나는 상당히 많이 알고 있다(이따금 남성 불능의 원인에는 이 콤플렉스가 자리잡고 있다).

같은 방식으로 수전노는 말이나 감정, 생각까지도 아끼는 경향이 있다. 그는 감정이나 생각으로 힘을 허비하고 싶어하지 않는다. 그는 불가피하고 꼭 필요한 생활의 힘든 일들을 위해서 이 힘이 필요하다. 그는 다른 사람들의 즐거움이나 슬픔에 무관심하고 냉정하며 심지어 자신의 즐거움과 슬픔에도 무심하다. 생생한 경험의 대용물로서 그는 과거 경험의 기억을 대용한다. 이 기억들은 소중한 소유물이며 돈이나 가축이나 공업제품을 세어보듯이, 그는 자주 머릿속에서 이 기억들을 점검해본다. 사실 그가 자신의 경험과 접촉하는 유일한 형태가 과거의 감정이나 경험에 대한 기억이다. 그는 별로 느끼지 않지만 **감상적이다**. 여기서 감상적이라는 말은 "느낌 없는 느낌"이라는 의미이며, 느껴진 느낌이라기보다는 느낌에 대한 생각 또는 느낌에 대한 **백일몽**이다. 소유욕이 강하고 냉정하고 심지어 잔인하기까지 한 사람들이 흔히 현실에서의 인간적 고통에는 감동하지 않으면서도 영화에서 자신의 유년기를 기억나게 하는 일들이나 백일몽에서 생각했던 장면이 나오면 눈물을 흘리기도 한다는 것은 잘 알려져 있는 사실이다.

우리는 이제까지 소유 대상들의 차이 및 그것들을 소유하는 경험의 차이를 살펴보지 않았다. 가장 중요한 차이는 살아 있는 대상과 살아 있지 않은 대상 사이의 차이일 것이다. 생명이 없는 대상―돈, 땅, 보석―은 소유자에게 반항하지 않는다. 유일한 저항은 재산의 안전하고 확실한 소유를 위협하는 사회적, 정치적 세력으로부터 올 수 있다. 이러한 안전을 위한 가장 중요한 보증은 법률이며 법률을 유효하게 만드는 국가에 의한 권력의 행사이다. 내면적 안정이 대부분 소유에 기초해 있는 사람들은 불가피하게 보수적이며 국가의 권력 독점을 축소시키려는 운동에 대해서 맹렬히 반대한다.

살아 있는 존재, 특히 인간을 소유하는 것에 안전이 달려 있는 사람들의 경우에 상황은 더 복잡하다. 그들도 법률을 시행하는 국가의 능력에 의존하고 있지만, 소유되는 것에 반대하고, **소유**될 수 있거나 통제될 수 있는 무엇으로 변형되는 것에 반대하는 인간의 저항력과 대면해야 한다. 어떤 사람들은 이러한 진술에 이의를 제기할지도 모른다. 수백만 명의 사람들이 지배받는 것에 만족하며 실제로 그들은 자유보다 통제를 좋아한다는 사실을 지적할 것이다. 『자유로부터의 도피Escape From Freedom』(1941)에서 나 자신이 이러한 "자유에 대한 두려움"과 부자유에 대한 끌림을 지적하려고 시도했다. 그러나 분명해 보이는 그 모순을 설명할 수 없는 것도 아니다. 안전을 **얻기**보다 자유로우려는 것은 존재의 모험을 위한 용기를 가지지 못한 사람에게는 두려운 것이다. 그런 사람은 억압이 아닌 것으로 보이게 만들어졌거나, 통제자가 자비로운 아버지의 모습을 띠고 있거나, 자신이 통제받고 있는 것이 아니라 사랑받는 아이로 인도받는 것이라고 느끼면 자유를 기꺼이 포기한다. 그러나 이러한 위장이 사용되지 않고, 소유 대상이 자신에게 일어나는 일을 깨달으면, 그의 첫 번째 반응은 온갖 형태, 온갖 방법의 저항이다. 어린아이는 무력한 무기로 저항한다. 사보타주와 방해공작, 더 구체적으로 말하자면 그의 무기는 이불에 오줌싸기, 변비, 칭얼댐 등이다. 무력한 계급은 때때로 사보타주와 비능률로 반응한다. 그러나 역사가 보여주듯이, 흔히 새로운 발전을 낳는 산고인 반란과 혁명으로 반응하기도 한다.

지배에 항거하는 투쟁이 어떤 형태를 띠든, 통제하고 싶어하는 사람에게는 강한 영향을 준다. 그는 다른 사람들을 통제하려는 강렬한 노력을 개발해야 하고, 이러한 충동은 욕망으로 채워진 열정이 된다. 인간을 소유하려는 시도는 불가피하게 가장 추악하고 변태적인 열정의 하나인 사디즘의 발생으로 이어진다.

소유의 궁극적 대상은 **자기 자신**을 소유하려는 것이다. "나는 나 자신을 가지고 있다"는 것은 나는 나 자신으로 꽉 차 있다는 뜻이며, 나는 내가 가지는 것이며, 나는 나 자신인 것을 가지고 있다는 뜻이다. 이러한 유형의 전형적인 대표적 인물은 더할 데 없는 나르시시스트이다. 그는 오직 자신으로 가득 차 있다. 그는 온 세상을 자신이 소유하는 무엇으로 변형시킨다. 그 자신의 소유 영역 안에 통합시킬 수 있는 대상물들로서 말고는, 자기 자신 외의 아무것에도 아무에게도 관심이 없다.

소유 경험과 근본적으로 유사한 형태의 경험은 소비이다. 다시 우리는 기능적(합리적) 소비와 비기능적(비합리적) 소비를 쉽게 구별할 수 있다.

내가 먹는 것은 배고픔이 육체가 음식을 필요로 하는 것을 알려주거나 내가 음식을 좋아하기 때문이다. 그렇다고 하더라도 내가 먹는 것은, 세련된 입맛도 포함해서, 그것이 내 몸의 모든 기관이 건강하게 기능하는 데 도움이 된다는 의미에서 기능적이고 합리적이다. 그러나 욕심이나 우울, 불안 때문에 과도하게 먹는다면, 그것은 비합리적이다. 해롭고 생리적으로도 정신적으로도 내게 도움이 되지 않는다. 그것은 탐욕에 뿌리를 둔 강박관념적 성격을 가지는 소비에 해당된다. 즉 물욕과 약물 중독, 오늘날의 소비형태에 뿌리를 둔 모든 형태의 소비, 그리고 성적 소비에도 해당된다. 오늘날 굉장한 즐거움을 주는 성적 정열은 사실 탐욕의 한 표현이며, 서로를 탐식하려는 욕심에 불과하다. 그것은 두 사람이, 또는 두 사람 중 한 명이 다른 사람을 완전히 소유하려는 욕심이다. 때때로 사람들은 매우 정열적인 성적 경험을 "우리는 서로에게 달려들었다" 같은 말로 묘사한다. 사실 그렇다. 그들은 굶주린 늑대들처럼 서로에게 달려든다. 그 근본적인 감정은 사랑은커녕 즐거움도 아니고 적대적인 소유욕인 것이다.

사람이나 음식, 또는 다른 것들로 자신을 가득 채우려는 것은 보다 구식 형태의 점유이며 소유이다. 소유의 경우, 내가 가진 물건은 우월한 힘이나 속임수 등에 의해서 빼앗길 수도 있다. 내 소유물은 내 소유권을 보증해주는 사회적 상황을 필요로 한다.

간직하고 싶은 물건을 삼켜버리면 온갖 방해로부터 안전하다. 내가 삼켜버린 것은 아무도 빼앗아갈 수 없다. 소유의 이 첫째 유형은 어린아이들이 물건을 입 안에 넣으려고 하는 데에서 분명하게 보인다. 이것이 확실한 소유의 첫째 방법이다. 그러나 물론 물질적 대상에 관한 한 삼키는 방법은 제한되어 있다. 정확히 말하면, 먹을 수 있고 신체에 해롭지 않은 물건일 때에만 그럴 수 있다. 캐니벌리즘cannibalism(식인풍습)은 어쩌면 여기에 한 뿌리가 있는지도 모른다. 사람의 육체, 특히 힘세고 용감한 사람의 육체가 힘을 준다고 믿는다면, 원시적 의미에서 그것을 먹는 것은 노예를 얻는 것과 같은 의미의 일일 것이다.

그러나 반드시 입에 의한 소비가 아닌 유형의 소비가 있다. 가장 좋은 예는 자동차이다. 이것은 기능적 재산이며 그 이유에서 생명 없는 소유에 상응하지 않는다는 이의가 제기될 수 있다. 개인 소유의 자동차가 정말로 제구실을 한다면, 그것은 사실이다.

그러나 그렇지 않다. 그것은 인간의 능력들의 어떤 것도 진작시키거나 활성화하지 않는다. 그것은 힘을 분산시키며, 자신으로부터 도망치게 만들고, 그릇된 의미의 힘을 낳으며, 그 사람이 모는 자동차의 브랜드로 사람을 평가하는 풍조를 양산하는 데에 일조한다. 자동차는 사람이 걸어가며 생각하지 못하게 하고, 집중적인 대화를 불가능하게 만들 만큼 까다롭고, 경쟁을 부추긴다. 개인이 소유하는 자동차가 나타내는 소비형태의 비합리적이고 병적인 기능을 전부 묘사하려면, 책 한 권을 쓸 수도 있을 것이다.

요약하면 비기능적이며, 따라서 병적인 소비는 소유와 마찬가지이다. 이 두 가지 형태의 경험은 인간의 생산적 발전을 약화시키고—심지어 파괴하고—생기를 빼앗고, 사물로 변형시킨다. 소유와 비기능적 소비의 경험이 그 반대, 즉 존재의 경험과 대비되면서 더 명확해지기 바란다.

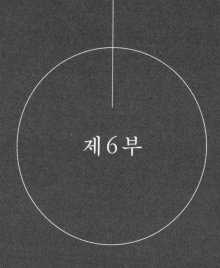

제 6 부

실존의 소유양식에서 모토는 "나는 내가 소유한 것이다"이다.
이런 의식의 굴레를 벗은 뒤에야 모토는
"나는 내가 행하는 것이다",
혹은 단순히 "나는 나인 나이다"가 될 것이다.

17

소유에서 행복으로

행복(이 책의 첫 부분에서 정의한 의미의) ─ 도구로서가 아니라 인간으로서 잘 기능하는 ─ 이 인간의 노력의 지상목표라면, 이 목표 달성으로 이끄는 두 가지 구체적인 방법이 눈에 띈다. **나르시시즘을 부수고 나오는 것과, 실존의 소유구조를 부수고 나오는 것이다.**

나르시시즘은 자신의 육체, 자신의 정신, 자신의 감정, 자신의 이익 등 모든 관심과 열정이 자신에게 향해 있는 심리이다. 실제로 도취를 사랑이라고 부를 수 있다면, 나르키소스와 마찬가지로 나르시스적 인간은 자신과 사랑에 빠져 있다고 할 수 있다. 나르시스적 인간에게는 자신과 자신에게 관련된 것만이 완전히 현실적인 것이다. 외부에 있는 것, 다른 사람에 관한 것은 피상적 의미의 지각 속에서만 현실적이다. 다시 말해서 감각과 지능에만 리얼하다는 것이다. 그러나 보다 깊은 의미로는, 즉 우리의 감정이나 이해력에는 현실적인 것이 아니다. 사실 그는 외부에 있는 것이 자신에게 영향을 미칠 때만 그것을 의식한다. 그러므로 그는 사랑도, 동정도, 합리적이고 객관적인 판단력도 없다. 나르시스적 인간은 자신의 주위에 보이지 않는 벽을 쌓는다. 자신이 전부이며 세상은 아무것도 아니다. 아니 차라리, 그 자신이 세계이다.

거의 절대적인 나르시시즘의 극단적인 예는 갓난아기와 미친 사람이다. 이들은 둘 다 세계와 관계할 능력이 없다(사실 프로이트나 그밖의 사람들이 추측한 것처럼 완전히 세계와 절연된 것은 아니다. 미친 사람은 뒤로 물러나 있을 뿐이다. 갓난아기는 아직 독존적 지향 너머에 있는 어느 것에도 향하고 있지 않기 때문에 물러날 수도 없다. 프로이트가 "일차적" 나르시시즘과 "이차적" 나르시시즘으로 구분한 것은 이 차이를 가리킨다). 그러나 이들 두 극단적인 경우에서 보이는 정도만큼은 아닐지라도, 정상적인 인간은 자신이 나르시스적이라는 것을 깨닫지 못한 채 흔히 나르시시즘을 상당히 터놓고 드러내 보인다. 그는 바깥 세계에 대해서는 진정한 관심을 보이지 않고, 자신에 관해서만 생각하고, 말하고, 행동한다. 반면에 "위대한" 사람은 자신을 너무나 흥미로운 사람으로 생각하여 당연히 자신의 위대함의 과시를 다른 사람들도 즐기기를 원한다. 그가 만일 지적이고, 기지 넘치고, 매력적이고, 유력하고, 부자이고, 유명한 사람이라면, 보통 사람들은 그의 나르시스적 과시욕을 문제삼지 않을 것이다. 그러나 많은 사람들이 자신의 나르시시즘을 감추려고 애쓴다. 유달리 겸손하고 겸허하게 군다든가, 또는 개인적인 관심이 아닌 듯이 보이는 종교적인 일, 비밀스러운 일, 정치적인 일에 몰두하는 미묘한 형태로 말이다.

나르시시즘은 너무나 많은 위장으로 숨길 수 있어서 찾아내기 가장 힘든 심리적 성질이라고 말할 수 있다. 그것은 힘든 관찰 끝에나 밝혀낼 수 있다. 그러나 그것을 찾아내서 꽤 많이 없애버리지 않으면 자아 완성을 위한 그 이상의 길은 막힌다.

나르시시즘과 비슷하면서도 상당히 다른 것은 자기 중심주의와 이기주의이다. 그것은 소유양식적 삶의 결과이다. 이런 방식으로 살아가는 사람이 반드시 매우 나르시스적이지는 않다. 그는 자신의 나르시시즘의 껍질을 부수고 나왔을 수도 있고, 자기 외부의 현실에 대한 적절한 감식력을 가지고 있기도 하고, 반드시 "자신과 사랑에 빠져" 있지 않을 수도 있다. 그는 자신이 누구이며, 다른 사람들은 누구인지도 알고 있으며 주관적 경험과 현실을 잘 구별할 줄도 안다. 그럼에도 불구하고 그는 자신을 위해서 모든 것을 원한다. 남에게 주고, 나누고, 다른 사람들과 결속하고, 협동하고, 사랑하는 데에서는 즐거움을 느끼지 못한다. 그는 닫힌 요새이며, 다른 사람을 의심하고, 가지려고 허덕이며, 주는 것을 아주 싫어한다. 그는 대체로 항문기적 성격을 대표한다. 그는 외롭고, 다른 사람들과 관계하지 않으며, 그의 힘은 자신이 소유하고 있는 것, 그리고 그것을 안전하게 간직하는 데에 있다. 반면에 매우 나르시스적인 인간은 반드시 이기적이고 자기 중심적이고 소유지향적이지는 않다. 그는 너그럽고 베풀기 좋아하며 다정할 수도 있다. 물론 그런 모든 특성들은, 그에게는 타인들이 완전하게 현실로서 체험되지 않는다는 사실 때문에 제한적인 것일 수밖에 없지만. 그러나 매우 나르시스적인 사람들이 모아 간직하기보다는 너그럽고 베풀기 좋아하는 무의식적인 충동을 가지고 있음을 쉽게 관찰할 수 있다. 이 두 가지 심리—나르시시즘과 이기주의—가 완전히 분화되어 있는 경우는 희박하므로, 성장을 위해서 우리는 이중의 깨부숨, 즉 나르시시즘을 깨부수는 일과 소유지향을 깨부수는 일이 필요하다는 것을 인정해야 한다.

이기주의를 극복하는 첫째 조건은 그것을 의식하는 능력에 달려 있다. 이것은 자신의 나르시시즘을 깨닫는 일보다 쉽다. 판단력은 훨씬 덜 뒤틀려 있어서 사실들을 더 쉽게 인식할 수 있기 때문이며, 쉽게 호도할 수 없기 때문이다. 물론 자기 중심주의를 자각하는 것이 그것을 극복하는 데에 **필요**조건이지만 **충분**조건은 결코 아니다. 두 번째로 취해야 할 단계는 소유지향의 뿌리를 깨닫는 것이다. 예를 들면 자신이 무력하다는 자각, 삶에 대한 두려움, 불확실성에 대한 두려움, 타인에 대한 불신, 그밖에 너무나 **빽빽**하게 뒤엉켜 자라나서 종종 뿌리를 뽑아버리기 어려운 많은 미묘한 원인들이 그것이다.

　이러한 원인들을 자각하는 것도 충분조건이 되지 못한다. 우선 자신을 꽉 잡고 있는 이기주의의 손을 풀어놓기 시작함으로써 **실제 행동**에서 변화가 뒤따라야 한다. 무엇인가를 포기하고, 나누어주고, 이 작은 첫걸음들이 야기하는 불안을 견뎌내야 한다. 그렇게 하면 자신감의 지주 기능을 하는 물건들을 잃게 된다고 생각할 때 자기 상실의 두려움이 생긴다는 것을 발견하게 될 것이다. 이것이 어떤 소유물을 포기하는 것을 의미할 뿐 아니라, 더욱 중요한 것은 습관, 익숙한 생각, 자신의 지위 확인, 계속하는 것이 습관이 된 말투, 다른 사람들이 가지고 있을 자신의 이미지(또는 다른 사람들이 그렇게 생각해주기를 바라서 만들어내려고 애쓰는 이미지)까지도 포기하는 것을 의미한다. 간단히 말해서, 아침식사 습관에서 성 습관에 이르기까지 생활의 모든 영역에서 습관이 된 행동을 바꾸려고 애쓰는 것이다. 그렇게 하려고 애쓰는 과정에서 불안이 생기는데, 그러한 불안에 굴복하지 않으면 불가능해 보이는 것도 성취할 수 있다는 확신이 생기고 모험심이 생긴다. 이 과정은 자신 밖으로 나아가 다른 사람들에게로 향하려는 시도가 수반되어야 한다. 이것은 무엇을 뜻하는가? 말로 표현하면, 아주 단순한 것이다. 다른 사람들에게로, 자연의, 사상들의, 예술의, 사회적, 정치적 사건들의 세계로 우리의 관심이 끌려가게 된다고 하는 것이 그 상태를 묘사하는 하나의 방법일 것이다. 관심이라는 말의 문자 그대로의 의미에서, 우리의 에고 밖에 있는 세계에 "관심"을 가지게 되는 것이다. 관심interest이라 는 말은 라틴어 inter esse로부터 왔는데, 자기 안에 갇혀 있는 것 이 아니라 "사이에 있다" 혹은 "저 너머에 있다"는 뜻을 나타낸 다. 이 "관심"의 발전은 어떤 사람이 수영장을 바라보다가 그것 을 묘사할 수 있게 되는 상황에 비할 수 있다. 그는 그 수영장에 대해서 바깥에서 묘사해왔다. 그의 묘사는 정확했다. 그러나 "관 심"이 없었다. 그러나 그가 수영장에 뛰어들었을 때, 그는 젖어 버렸고 그때 그는 다른 사람이 되어 다른 수영장에 대해서 말하 게 된다. 이제 그와 수영장은 서로 대립되어 있지 않다(그 둘이 동 일한 것으로 변한 것도 아니지만). 관심의 발전은 아웃사이더, 관찰 자, 자기가 보는 것으로부터 분리된 사람으로 남아 있는 것이 아 니라 뛰어드는 것을 의미한다. 만일 자기 도취와 이기심의 감옥 의 창살을 풀고자 하는 의지와 각오를 가진 사람이라면, 간헐적 인 불안을 견뎌낼 용기가 날 때, 그는 기쁨과 힘을 처음으로 얼 핏 보는 체험을 하게 될 것이다. 그리고 그때서야 비로소 결정적 인 새로운 한 요소가 그 과정의 역학 속으로 들어온다. 이 새로 운 체험은 앞으로 나아가는 데, 그리고 그가 계획했던 길을 따라 가는 데에, 결정적인 동기가 된다. 그때까지는 그 자신의 불만과 온갖 종류의 이성적인 고찰들이 그를 안내할 수 있다. 그러나 그 러한 고찰들이 그를 데려다줄 수 있는 것은 잠시뿐이다. 그것들은 앞에서 말한 그 새로운 요소가 들어오지 않으면 자신의 힘을 잃게 된다. 그 새로운 요소는 행복의 체험인데, 그것은 잠시 스쳐지나가는 자그마한 것이라고 하더라도 이제껏 체험했던 어떤 것보다도 아주 더 나은 것으로 느껴지고, 그래서 더 나아가기 위한 가장 강력한 동기로 변하고, 자체 내에서 더욱 강력한 것으로 변하고, 그리하여 더 앞으로의 진보가 계속된다.

다시 한번 요약하면, 자각, 의지, 실천, 두려움과 새로운 체험에 대한 인내, 이것들은 개인의 변모가 성공하기 위해서는 모두 필요한 것들이다. 어떤 시점에 이르면, 내면의 힘이 가진 에너지와 방향의 변화는 개인의 정체성identity 의식의 변화를 동반하게 될 것이다. 실존의 소유양식에서 모토는 "나는 내가 **소유한 것이다**"이다. 이런 의식의 굴레를 벗은 뒤에야 모토는 "나는 내가 행하는 것이다"(소외되지 않은 활동이라는 의미에서), 혹은 단순히 "나는 나인 나이다"가 될 것이다.